Diane Boileau

Je révise
avec mon enfant

Français

Troisième cycle
6e année

D1511677

TRÉCARRÉ
QUEBECOR MEDIA

Catalogage avant publication de la Bibliothèque nationale du Canada

Vedette principale au titre :

Je révise avec mon enfant : français : 1re (-6e) année

Pour les élèves du niveau primaire.

ISBN 2-89568-216-X (v.1)
ISBN 2-89568-217-8 (v.2)
ISBN 2-89568-218-6 (v.3)

1. Enseignement primaire – Participation des parents. 2. Français (Langue) –
Problèmes et exercices – Ouvrages pour la jeunesse. I. Benoit, Sylvie, 1959-

LB1048.5.J422 2003   371.3'028'1   C2003-941654.2

Composition et mise en pages : Infoscan Collette
Conception et réalisation de la couverture : Cyclone design communications
Illustrations : Marc Cuadrado
Correction d'épreuves : Claire Morasse

Note : L'auteure veut remercier les auteurs de *Ami-mots 5 et 6* ainsi que les Éditions du
Trécarré, qui lui ont permis de reproduire ou d'adapter certains des exercices des ouvrages
précédemment cités.

Nous reconnaissons l'aide financière du gouvernement du Canada par l'entremise du
Programme d'aide au développement de l'industrie de l'édition (PADIÉ) pour nos activités
d'édition ; du Conseil des arts du Canada ; de la SODEC ; du gouvernement du Québec par
l'entremise du Programme de crédit d'impôt pour l'édition de livres (gestion SODEC).

ISBN 2-89568-221-6

Dépôt légal 2003
Bibliothèque nationale du Québec

Éditions du Trécarré,
division de Éditions Quebecor Média inc.
7, chemin Bates
Outremont (Québec)
H2V 4V7

Table des matières

Table des matières

Mot de l'auteure

Dernière étape du cours primaire, votre enfant entreprend déjà la 6ᵉ année. Ce rôle tant convoité de faire partie des «plus vieux» de l'école l'excite un peu parce que, bien entendu, l'avantage d'être parmi les finissants comporte aussi une autre réalité : il se rapproche de plus en plus du secondaire. Votre enfant devra travailler dur pour obtenir son diplôme et, petit à petit, faire le deuil de son école primaire. Il a souvent entendu parler de l'école secondaire, mais il a surtout peur de l'inconnu. Il se demande comment seront son école, ses cours, ses professeurs, ses amis. Même pour nous, adultes, faire un saut pour franchir une nouvelle étape n'est jamais facile.

Ce guide est conçu pour vous, parents, qui voulez vous impliquer davantage dans la vie scolaire de votre enfant, mais il ne doit pas devancer le travail fait en classe. En couvrant les principales notions du programme de français du ministère de l'Éducation, cet ouvrage vous permet de suivre votre enfant tout au long de l'année, d'être témoin de ses progrès, et d'intervenir si nécessaire dans le processus d'apprentissage. Il n'est pas question de recommencer une journée de classe à la maison. À l'école, en participant à des projets pédagogiques variés, votre enfant acquiert les savoirs essentiels du programme et développe de multiples compétences. Par exemple, il a déjà comparé en classe divers types de textes de lecture d'auteurs variés, appris à chercher dans un dictionnaire ou une encyclopédie ou compris et dégagé plusieurs règles grammaticales par observation, analyse, formulation et vérification d'hypothèses.

Si votre enfant ne comprend pas une activité, c'est sans doute parce que les notions requises lui sont encore inconnues ou qu'il saisit mal le sens de la question qui lui est posée. Fiez-vous toujours à votre intuition. Vous connaissez votre enfant mieux que quiconque, et il sait ce qu'on attend de lui. Faites-lui confiance. Il vous dira s'il ne comprend pas ou s'il n'a pas encore étudié ces notions à l'école.

Je vous souhaite une 6ᵉ année agréable, sereine et enrichissante avec votre enfant.

Diane Boileau

Diane Boileau enseigne à Montréal depuis de nombreuses années. Elle a acquis une solide expérience du cours primaire en travaillant auprès d'une clientèle d'élèves d'âges et de milieux diversifiés. Depuis quelques années, elle travaille à la rédaction de livres et de cahiers à caractère pédagogique.

Comment utiliser ce livre

Cet ouvrage renferme les savoirs essentiels du programme de français pour la 6e année et comprend trois parties : communication orale, écriture et lecture.

Chacune des parties se divise en séries d'activités qui correspondent aux savoirs essentiels du ministère de l'Éducation.

Au début de l'ouvrage, les pages 1 à 11, identifiées par une petite bande tramée, sont réservées aux parents. On y indique les savoirs essentiels et les notions ou habiletés révisées dans les exercices, ainsi que les numéros des pages où ils seront traités. Vérifiez d'abord si votre enfant a reçu cet enseignement spécifique en classe. Ce n'est qu'à cette condition qu'il sera apte à **réviser** en votre compagnie. Dans ces mêmes pages, vous trouverez à l'occasion des conseils pratiques de l'auteure soit sur un sujet général, soit sur la matière vue dans les exercices qui suivent.

Enfin, si vous doutez des réponses à certains exercices ou si la terminologie ne vous est pas familière, recourez au corrigé et au lexique qui se trouvent à la fin du volume.

Mot à l'enfant

Te voilà déjà en 6e année ! Tu entreprendras bientôt ton cours secondaire. Malgré toute l'excitation que cela comporte, travaille sérieusement pour avoir une base solide et entreprendre cette nouvelle étape de pied ferme.

Tes parents viennent de se procurer un livre qui explique ce que tu vas apprendre en français durant l'année scolaire. Ce livre n'est pas un cahier d'école. Il contient des activités que tes parents feront avec toi. Encore des devoirs ? Non ! Rassure-toi. Tu serviras de guide à tes parents en les aidant à comprendre davantage le travail que tu fais à l'école. Ce sera une occasion de plus de passer de bons moments avec eux.

Montre-leur que tu as bien compris ce que ton professeur t'a enseigné. Il peut arriver que tu ne saches pas réaliser une activité. Ne t'en fais pas. C'est sans doute parce que c'est quelque chose de nouveau que tu n'as pas encore appris à l'école. Dis-le à tes parents et ils attendront quelques semaines avant de reprendre cette activité avec toi.

Travaille bien ! N'oublie pas que tu dois bien étudier. Tu seras ainsi mieux préparé pour ta 1re secondaire en étant plus sûr de toi. Je te souhaite bonne chance et beaucoup de plaisir avec tes parents tout au long de ta 6e année.

Diane

Communication orale

La communication orale est vécue à travers diverses formes d'échanges verbaux. Elle doit amener l'enfant à utiliser une langue précise dans toutes les disciplines de sa vie scolaire. À l'école comme à la maison, il apprend à s'exprimer clairement, à utiliser un volume et un débit appropriés et à adapter son vocabulaire et ses propos selon le contexte et les interlocuteurs. Mais, pour favoriser une bonne communication, il doit aussi démontrer qu'il fait preuve d'une bonne écoute, qu'il sait partager ses idées et ses propos, qu'il a de l'intérêt pour l'échange en cours et qu'il peut intervenir au moment opportun au cours d'une discussion. Le français oral enseigné au 3e cycle propose des exposés oraux individuels et des situations de discussion en équipe. C'est pourquoi nous ne proposons pas d'activités systématiques, mais plutôt des pistes pour vous aider à faire travailler votre enfant lorsqu'il a un exposé oral à préparer à la maison. Les pages consacrées au français oral sont divisées en trois parties :

1. Les savoirs essentiels du programme.

2. Les attentes de fin de cycle.

3. Cinq activités touchant l'un ou l'autre des savoirs au programme :
   • des exemples d'exposés oraux proposés en classe ;
   • les points sur lesquels l'enfant doit travailler ;
   • quelques conseils pour l'aider dans sa préparation.

Les activités proposées explorent des sujets variés. En les faisant avec votre enfant, vous l'aidez à travailler l'un ou l'autre des savoirs ou stratégies qui lui permettront de développer ses compétences et de construire sa pensée. À force de travailler avec lui, vous serez en mesure de vous rendre compte ensemble de ses points forts et de ceux qu'il aura à développer davantage. Les enfants plus timides feront preuve de plus d'assurance s'ils sont bien préparés. Nous ne devenons pas tous de grands orateurs, mais nous devons apprendre à clarifier notre pensée et à acquérir les habiletés pour la communiquer.

SAVOIRS ESSENTIELS

1. Les savoirs essentiels du programme
- S'exprimer de façon cohérente et structurée.
- Préciser sa pensée et clarifier ses propos.
- Développer et transmettre des idées.
- Recourir à des gestes, des exemples, des illustrations, etc. pour appuyer ses paroles.
- Apprendre et utiliser de nouveaux mots.
- Répéter ou reformuler ce qui a été dit.
- Adapter sa façon de dire selon l'échange (débit, volume, intonation, rythme).
- Exprimer son point de vue.

2. Les attentes de fin de cycle
À la fin du 3e cycle, l'élève sait respecter les règles de communication au cours des discussions. Il explore plusieurs sujets de discussion avec d'autres personnes afin d'élaborer sa pensée. Il est apte à partager ses propos et à les exprimer avec clarté et rigueur peu importe le contexte. Il sait démontrer sa compréhension de l'échange en cours en posant des questions pertinentes pour obtenir des précisions et utiliser des stratégies d'écoute appropriées. Il confronte aisément ses idées avec celles d'autrui et nuance son point de vue.

3. Activités proposées
   A. *Exemple :* Faire un exposé informatif sur un sujet de recherche : un animal, un métier, un pays, etc.
   Travail de préparation et approche durant l'exposé :
   - faire appel à ses connaissances, demander et chercher des informations ;
   - regrouper ses informations (ex. : aspect physique ou habitat d'un animal) ;
   - utiliser les termes justes en fonction du sujet ;
   - se servir d'objets, de photos, de dessins, de tableaux ou de schémas pour illustrer ses propos ;
   - comprendre le sens des questions posées par ses interlocuteurs et demander des précisions au besoin ;
   - rappeler ou reformuler une information au besoin.

Conseil pratique
Posez-lui des questions sur les différents aspects qu'il a décidé de traiter, aidez-le à les regrouper, prévoyez les questions qu'on pourrait lui poser lors de son exposé.

   B. *Exemple :* La classe veut organiser une sortie de fin d'année.
   Travail de préparation à la discussion et participation en équipe :
   - examiner le but, le sujet et les modalités de la discussion ;
   - répartir le travail, déterminer et respecter les rôles (animateur, secrétaire, etc.) ;
   - maintenir le contact avec ses coéquipiers ;
   - faire preuve d'une écoute attentive ;
   - solliciter la participation des autres ;
   - exprimer et justifier son point de vue ;
   - poser des questions pertinentes et intervenir au moment opportun ;
   - faire progresser la discussion.

Conseil pratique
Dans des discussions et prises de décision en famille, faites-lui remarquer lorsque ses interventions sont pertinentes ou non, demandez-lui de classer les éléments ou arguments par ordre d'importance ou d'éliminer les moins essentiels, encouragez-le à faire des suggestions, donnez-lui la responsabilité de partager les tâches, etc.

SAVOIRS ESSENTIELS

C. *Exemple :* Expliquer un problème mathématique à quelques amis, etc.
Travail de préparation et approche durant l'exposé :
- énoncer le problème et le but ;
- présenter et décrire les étapes à suivre ;
- établir des liens entre les étapes ;
- faire ressortir l'information importante.

Conseil pratique
Guidez-le avec des questions ponctuelles : Que faut-il chercher dans ce problème ? Quelle opération est-il préférable d'effectuer en premier ? Pourquoi ne pas commencer par l'autre opération ? Et ensuite ? Qu'y a-t-il de plus important ?

D. *Exemple :* Expliquer à de nouveaux voisins les règlements de la piscine, de la bibliothèque, etc.
Travail de préparation et approche durant l'exposé :
- expliquer les règlements ;
- donner les motifs et les buts de ces règlements ;
- donner des exemples concrets.

Conseil pratique
Guidez-le par des questions précises : Que signifie ce règlement ? Quelle est sa raison d'être ? Quelles seraient les conséquences si ce règlement n'existait pas ? Donne-moi un exemple, etc.

E. *Exemple :* Résumer une nouvelle télévisée aux élèves de sa classe : un enfant blessé alors qu'il roulait à bicyclette sans casque protecteur. Es-tu pour ou contre le port du casque protecteur ?
Travail de préparation et approche durant l'exposé :
- comprendre les éléments d'information ;
- retenir et sélectionner l'information importante ;
- faire une synthèse de l'information ;
- rapporter les paroles de la lectrice ou du lecteur de nouvelles ;
- reconnaître sa réaction à l'information en exprimant son point de vue ou son jugement ;
- justifier son point de vue ou son jugement en faisant ressortir ses convictions.

Conseil pratique
Posez-lui des questions pour l'inciter à retenir les faits les plus importants, demandez-lui de retenir l'ordre chronologique de l'information, demandez-lui souvent ce qu'il pense de tel ou tel sujet et pourquoi. Aidez-le à saisir la différence entre opinion et argument, car les jeunes ont souvent tendance à mêler les deux termes. Je donne mon opinion, je dis si je suis pour ou contre. J'explique mes arguments, je donne les raisons qui m'incitent à être pour ou contre.

SAVOIRS ESSENTIELS	NOTIONS OU HABILETÉS RÉVISÉES	PAGES
1. Choisir et organiser ses idées avec cohérence.		
Pour aider votre enfant à organiser ses idées, il faut l'habituer à faire un plan avant d'écrire un texte. On doit l'inciter à apporter une attention particulière à la division logique du plan d'un récit en trois temps (début, milieu, fin) ou d'un récit en cinq temps (situation de départ, élément déclencheur, actions ou péripéties, dénouement et fin ou situation finale). Il doit tenir compte des nombreux éléments, préciser son intention d'écriture et la garder à l'esprit. Son choix d'idées doit d'abord s'accorder avec: a) son projet d'écriture: le sujet à traiter; b) son intention d'écriture: pourquoi il écrit; c) son ou ses destinataires: à qui il écrit. De plus, il doit décider, en fonction du type de texte, s'il veut: a) informer; b) raconter un fait réel ou imaginaire; c) faire connaître son opinion ou ses goûts; d) inventer ou non des personnages.	• Pertinence du choix d'idées avec: – le sujet traité – l'intention d'écriture – le ou les destinataires – le contexte • Représentation de l'ensemble des données d'écriture • Choix du contenu en fonction du type de texte	12 et 13
2. Présenter ses idées de manière ordonnée.		
Selon le type de texte, l'enfant doit apprendre à ordonner ses idées: a) Regrouper et ordonner les actions et les faits par ordre chronologique; b) Regrouper dans un même paragraphe les éléments qui se rapportent à un même aspect; c) Regrouper les éléments en fonction de la structure du texte (récit en trois ou en cinq temps).	• Regroupement logique des idées en paragraphes sous un même aspect • Organisation des phrases d'un paragraphe selon un ordre logique • Classification de phrases selon la logique du plan: début, milieu, fin	14 à 17
3. Reconnaître et utiliser plusieurs types et formes de phrases.		
Votre enfant enrichira ses textes s'il reconnaît les différents types de phrases. Bien qu'il soit sensibilisé aux 4 différents types, il travaillera plus spécifiquement les structures des phrases déclaratives, impératives et interrogatives, qu'elles soient de forme positive ou négative. Il faudra alors apporter une attention particulière aux difficultés qu'elles engendrent. Exemples: **interrogatif:** « On prend le train de quatre heures. »: P̶r̶e̶n̶d̶-t-on?... P̶r̶e̶n̶d̶-t'on?... Prend-on?... **négatif:** « On prend pas le train. »: l'enfant néglige	• Types de phrases: – phrase déclarative – phrase interrogative – phrase exclamative – phrase impérative • Formes de phrases: – forme positive – forme négative • Mots interrogatifs • Mots exclamatifs • Mots de négation	18 à 20

SAVOIRS ESSENTIELS	NOTIONS OU HABILETÉS RÉVISÉES	PAGES
3. Reconnaître et utiliser plusieurs types et formes de phrases. (*Suite*)		
souvent la structure en omettant le *ne* des phrases négatives parce qu'elles sont ignorées à l'oral. « J'ai pas le goût ; t'as pas peur ? », etc.		18 à 20
4. Reconnaître et utiliser le groupe du nom.		

Le groupe du nom est un constituant de la phrase qui peut occuper plusieurs fonctions. Il est donc important pour votre enfant de repérer cet élément essentiel.
Le nom est le *noyau* du groupe du nom. Il donne son genre et son nombre. On dit que le nom est un *donneur* et que les mots qui l'accompagnent sont des *receveurs*, c'est-à-dire qu'ils dépendent de lui.
Le groupe du nom peut être composé d'un nom seul ou d'un pronom et d'un nom accompagné d'autres mots.
Ex. : Un nom seul : Justine
Un pronom : Elle
Un déterminant et un nom : Le chat
Un déterminant, un nom et un adjectif : Le chat gris
Un déterminant, un nom et deux adjectifs : Le petit chat gris
Ajout d'un complément du nom : Le chat <u>de ma grand-mère</u>
Etc.
	• Groupe du nom
	  – nom
	  – déterminant
	  – adjectif
	• Pronom
	• Complément du nom
		21 et 22

5. Reconnaître et utiliser les groupes de mots qui constituent la phrase.		

L'élève du 3e cycle doit être en mesure de rédiger des phrases un peu plus complexes sans négliger la structure et pouvoir les relire pour en vérifier le sens. Pour y arriver, votre enfant doit distinguer les trois constituants de la phrase. La phrase comprend deux constituants obligatoires et un constituant facultatif : un groupe sujet GS + un groupe du verbe GV (+ un groupe complément de phrase GCP).
Le groupe constitué du verbe, accompagné d'un attribut ou d'un complément du verbe est appelé groupe du verbe-prédicat (GV-P).
	• Groupe sujet
	• Groupe du verbe
	  – attribut du sujet
	  – complément de verbe
	• Groupe complément de phrase
	• Transformation de la phrase
	  – par addition
	  – par déplacement
		23 à 27

SAVOIRS ESSENTIELS	NOTIONS OU HABILETÉS RÉVISÉES	PAGES
5. Reconnaître et utiliser les groupes de mots qui constituent la phrase. (*Suite*)		
Pour enrichir ses phrases, votre enfant peut ajouter des mots aux constituants déjà formés. Il peut aussi ajouter ou déplacer des constituants. Habituez-le à écrire des phrases plus longues sans alourdir le texte. Si la structure est inadéquate, faites-lui relire ses phrases à voix haute.		23 à 27
6. Employer les marqueurs de relation et les termes substituts de façon appropriée.		
Pour être en mesure d'établir des liens dans une phrase ou entre plusieurs phrases, votre enfant doit se servir adéquatement des marqueurs de relation et des termes substituts. On entend par *marqueurs de relation*, des prépositions, des conjonctions et certains adverbes, et par *termes substituts*, des synonymes, des pronoms et d'autres expressions qui remplacent des mots sans en changer le sens. Vous en trouverez une courte liste dans le lexique. L'enfant apprendra à utiliser adéquatement les marqueurs de relation et les termes substituts et à vérifier s'ils rendent le sens désiré.	• Marqueurs de relation • Termes substituts • Vérification du sens de la phrase	28 et 29
7. Ponctuer correctement.		
L'enfant doit pouvoir utiliser les signes de ponctuation appropriés selon qu'il doive : • délimiter une phrase; • séparer les éléments d'une phrase; • marquer un dialogue. Relire son texte à voix haute avec une bonne intonation aidera votre enfant à prendre conscience des fautes de ponctuation.	• Majuscule et point • Point d'interrogation • Point d'exclamation • Virgule • Deux-points, guillemets, tiret	30 et 31
8. Explorer le vocabulaire et utiliser l'orthographe conforme à l'usage.		
Utiliser un vocabulaire précis est une habileté qui se développe constamment. Oralement ou par écrit, l'enfant doit explorer un vocabulaire qui désigne ses propos avec justesse. L'orthographe d'usage est la manière d'écrire un mot sans y appliquer des règles d'accord comme le féminin ou le pluriel. Pour que l'enfant enrichisse son vocabulaire et apprenne l'orthographe, il faut surtout l'habituer à développer des stratégies de mémorisation ou d'association :	• Synonymes • Antonymes • Mot de base • Préfixes • Suffixes • Sens commun et figuré • Mots de même famille • Termes génériques et spécifiques	32 à 39

SAVOIRS ESSENTIELS	NOTIONS OU HABILETÉS RÉVISÉES	PAGES
8. Explorer le vocabulaire et utiliser l'orthographe conforme à l'usage. (*Suite*)		
• regroupement par assonances : atten**tion**, ac**tion**... ; • visualisation du mot écrit ; chap**eau** (chapot ! pau !) ; • regroupement par thèmes ou familles de mots : pati**n**, pati**n**oire, pati**n**age, patinage... ; • association masculin/féminin : chie**nne**, gardie**nne**, mie**nne** ; • ajout de préfixes ou de suffixes à des mots de base : **re**faire, **dé**faire, etc. Donnez-lui des dictées, proposez-lui des lectures variées et encouragez-le à consulter un dictionnaire. Plus souvent il lira et écrira, mieux il maîtrisera l'orthographe et enrichira son vocabulaire.	• Homophones • Majuscule aux noms propres • Orthographe des nombres • Utilisation du dictionnaire	32 à 39
9. Former le féminin et le pluriel des noms et des adjectifs.		
La formation générale ou particulière du féminin et du pluriel des noms et des adjectifs doit être mémorisée. Portez attention aux règles particulières qui comportent de nombreuses exceptions. Les tableaux des pages 40 et 41-42 aideront votre enfant à visualiser l'ensemble de ces règles.	• Formation du féminin : – règle générale : l'ajout d'un *e* – eau = elle, er = ère, f = ve, eux = euse, teur = trice, etc. – l, n, s, t = consonne finale double et ajout d'un *e* • Formation du pluriel : – règle générale : l'ajout d'un *s* – ajout d'un *s* (ail, ou) – ajout d'un *x* (al, au, eau, eu) – invariabilité des mots terminés par *s*, *x* et *z*	40 à 43
10. Respecter les règles d'accord dans les groupes du nom.		
Les règles d'accord en genre et en nombre avec le nom ne posent aucun problème de compréhension. La difficulté réside surtout dans l'application. Combien de fois a-t-on vu, lors d'une dictée ou d'une composition, un étudiant « oublier » une marque du pluriel dont il connaît pourtant parfaitement la règle ? Avant tout, votre enfant devra connaître la classe des mots. Il devra rapidement repérer les groupes du nom pour être en mesure d'accorder les adjectifs, les participes passés sans auxiliaire et les déterminants.	• Repérage des noms, des déterminants, des adjectifs, des participes passés sans auxiliaire • Accord en genre et en nombre avec le nom	44 à 47

Français — ÉCRITURE

SAVOIRS ESSENTIELS	NOTIONS OU HABILETÉS RÉVISÉES	PAGES
11. Respecter les règles d'accord du verbe avec le groupe sujet.		
L'accord du verbe avec le groupe sujet est une notion grammaticale importante. Elle est constamment traitée dans toutes les classes du primaire et du secondaire. L'élève du 3e cycle apprend les nombreuses difficultés que cette règle présente. Il doit résister à la tentation d'accorder le verbe avec le mot qui le précède immédiatement et s'interroger intelligemment. Comme le déterminant et l'adjectif, le verbe est un receveur. Il doit prendre la personne et le nombre du nom ou du pronom qu'il a pour sujet. On peut vérifier s'il s'agit bien du sujet en encadrant le groupe du nom par *c'est... qui* (ou *ce sont... qui*). Ex.: Le chat mange.: *C'est* le chat *qui* mange. Les oiseaux gazouillent.: *Ce sont* les oiseaux *qui* gazouillent. Il est toujours plus facile de bien accorder un verbe si on remplace le groupe du nom sujet par un pronom. Ex.: Le chat (il, 3e pers. s.) mang**e**. Les oiseaux (ils, 3e pers. p.) gazouill**ent**. Habituez votre enfant à adopter cette démarche.	• Repérage du verbe • Repérage du groupe sujet • Accord du verbe avec le groupe sujet	48 à 50
12. Reconnaître les verbes conjugués et les accorder correctement selon le temps et la personne.		
Ici encore, l'étude des conjugaisons nécessite beaucoup d'exercices de mémorisation. Outil indispensable, vous devriez idéalement procurer à votre enfant, s'il ne l'a pas encore, un livre de tableaux de conjugaison. Plus il mémorisera ses verbes, plus il aura confiance en ses capacités. Les verbes qui se conjuguent comme les verbes modèles se mémorisent bien, mais il faudra accorder une attention particulière aux verbes irréguliers. À la fin du 3e cycle, l'enfant devra être capable d'écrire des verbes en respectant les finales des temps qu'il aura étudiés. Il doit comprendre la formation des temps de verbes (radical + terminaisons), reconnaître les auxiliaires avoir et être et mémoriser les finales des verbes accordés avec les	• Auxiliaires avoir et être • Verbes modèles aimer et finir • Temps verbaux présent, passé ou futur • Les personnes de conjugaison • Radical et terminaison • Formation des temps simples : indicatif présent, imparfait, futur simple, conditionnel présent, impératif présent, participe passé, participe présent, subjonctif présent, passé simple • Formation des temps composés : passé composé, futur proche (aller + verbe à l'infinitif)	51 à 55

8

SAVOIRS ESSENTIELS	NOTIONS OU HABILETÉS RÉVISÉES	PAGES
12. Reconnaître les verbes conjugués et les accorder correctement selon le temps et la personne. (*Suite*)		
pronoms *je* (-e, -s, -ai, -x), *tu* (-s, -x), *il*, *elle*, *on* (-e, -a, -d, -t), *nous* (-ons), *vous* (-ez) et *ils*, *elles* (-nt). Il apprendra les principaux modes et temps utilisés à l'écrit : infinitif présent ; indicatif présent, passé composé, futur simple, imparfait, passé simple, conditionnel présent ; subjonctif présent ; impératif présent ; participe présent et participe passé.		51 à 55
13. Accorder les participes passés.		

Accorder les participes passés n'est pas facile. C'est pourquoi l'étude de ces règles grammaticales s'échelonne jusqu'au secondaire. Les règles du participe passé employé seul comme adjectif et employé avec l'auxiliaire être devront avoir été assimilées par votre enfant. La règle du participe passé employé avec l'auxiliaire avoir n'est présentée qu'en guise d'enrichissement au 3e cycle du primaire.	• Accord du participe passé
	  – employé seul
	  – employé avec l'auxiliaire être en l'accordant avec le groupe sujet
	  – employé avec l'auxiliaire avoir en fonction du complément direct qui précède le verbe (enrichissement)
		56 à 58

14. Reconnaître les classes de mots et leur fonction.		
Il est important que votre enfant connaisse ses classes de mots, mais il ne faut pas oublier que la grammaire doit faire ressortir l'importance des groupes de mots pour bien comprendre la structure d'une phrase. S'il réalise qu'un nom est plus souvent accompagné d'un déterminant et d'un adjectif, par exemple, il y a fort à parier qu'il réussira mieux ses accords grammaticaux. Quand il maîtrise ces notions, il comprend mieux le rôle joué (la fonction) par les mots ou les groupes de mots dans la phrase : sujet, complément, etc.	• Classe de mots : nom, déterminant, adjectif, pronom, verbe, mots invariables (adverbe, préposition, conjonction) • Distinction entre les termes classe et fonction • Reconnaissance d'une classe d'un mot • Reconnaissance de la fonction d'un mot ou d'un groupe de mots	59 et 60

SAVOIRS ESSENTIELS	NOTIONS OU HABILETÉS RÉVISÉES	PAGES
15. Survoler et anticiper le contenu d'un texte.		
L'enfant doit s'habituer à repérer les indices d'un texte pour améliorer sa vitesse et sa compréhension de lecture. Il doit rapidement avoir une idée d'ensemble du texte. D'un coup d'œil, il doit sélectionner la ou les phrases qui énoncent l'idée principale et anticiper le contenu du texte en repérant le titre, les intertitres, les illustrations et les premières phrases des paragraphes. Cette étape ne devrait pas durer plus d'une trentaine de secondes. Ensuite, il entreprend la lecture systématique du texte. Il faudra donc vous rappeler que cette habitude devra être conservée pour chaque lecture subséquente. Toutes les occasions de lire vont aider votre enfant à s'améliorer. Pensez à toutes ces affiches ou dépliants publicitaires, les noms de rues, les cartes routières, les revues dans les salles d'attente, etc.	• Reconnaissance rapide du sujet et des aspects traités • Sélection d'éléments d'information – titre – intertitres – illustrations • Compréhension d'un texte informatif	61 à 65
16. Établir des liens entre les mots et les phrases.		
Établir des liens est une étape essentielle à la compréhension et à la restructuration des informations d'un texte. Il est important que l'enfant sache à quel nom fait référence un pronom : « Les grenouilles vivent près de l'eau. *Elles* se nourrissent d'insectes. » Il doit établir le lien avec la phrase précédente pour le découvrir. De même, les mots de relation qui établissent un lien avec la phrase qui les précède : « *En effet*, elle se rendit compte… », « *Finalement*, ils se retrouvèrent… »	• Compréhension du sens des marqueurs de relation et des termes substituts (pronoms, adverbes, synonymes, prépositions, conjonctions, etc.) • Restructuration des informations d'un texte	66 à 68
17. Reconstruire l'information du texte.		
Le lien entre les mots ou groupes de mots d'une même phrase est aussi essentiel à la compréhension de lecture. « Où est le verbe ? Quel rôle joue-t-il ? Où sont les signes qui délimitent les phrases ? Que signifie le *mais* ? Pourrais-je déplacer les constituants de cette phrase ? Quelle est la définition de ce mot ? »	• Repérage des phrases par la ponctuation • Repérage des constituants de la phrase et des mots porteurs de sens (nom, verbe, etc.) • Déplacement des constituants de la phrase • Compréhension du sens des marqueurs de relation	69 à 73

SAVOIRS ESSENTIELS	NOTIONS OU HABILETÉS RÉVISÉES	PAGES
17. Reconstruire l'information du texte. (*Suite*)		
Habituez votre enfant à se servir du contexte pour donner du sens à des mots ou à des expressions qu'il ignore. Il sera fier de lui si le dictionnaire confirme son hypothèse.	• Compréhension du sens des expressions et des mots peu courants en s'appuyant sur le contexte	69 à 73
18. Sélectionner, regrouper et inférer des éléments du texte pour retenir l'essentiel de l'information.		
En éliminant les données superflues et en sélectionnant les éléments essentiels, votre enfant ne travaille pas seulement un savoir de lecture mais développe la logique qui lui servira dans tout son cheminement scolaire et dans sa vie en général.	• Compréhension d'une tâche à effectuer • Repérage des informations essentielles • Élimination des éléments non pertinents • Rédaction d'une formulation appropriée	74 à 77
19. Préciser son intention de lecture et accomplir une tâche.		
Pour comprendre des questions et des consignes, l'enfant doit cibler les mots importants, repérer les actions à accomplir et vérifier si on lui fournit des exemples. Il doit apprendre à rechercher les indices qui lui permettront d'effectuer adéquatement la tâche : « Dois-je remplir des espaces ? Dois-je cocher des choix de réponses ? Dois-je relier des mots à d'autres ? Dois-je compléter des mots croisés ? », etc. Habituez votre enfant à repérer rapidement les verbes dans toutes les situations d'apprentissage, quelle que soit la matière.	• Repérage des actions à faire • Repérage des exemples, des indices : espaces à remplir, mots ou phrases à relier, etc. • Exécution méthodique de la tâche	78 à 80
20. Découvrir l'intrigue d'un récit en explorant la structure du texte.		

Pour apprécier et comprendre un récit, l'enfant doit pouvoir en dégager rapidement le sens général et l'idée principale. Il devra reconnaître la situation de départ, l'enchaînement des péripéties et le dénouement. Il est bon d'arrêter la lecture au milieu de l'intrigue et de lui demander de formuler des hypothèses quant à la suite du texte. Son intérêt à connaître le dénouement n'en sera que plus grand.
Il doit aussi découvrir et comprendre le rôle des principaux personnages, leurs actions et leurs interactions et finalement, donner son appréciation et s'autoévaluer comme lecteur.
	• Identification des étapes du récit:
	  – la situation de départ
	  – l'élément déclencheur
	  – les péripéties
	  – la fin ou le dénouement
	• Identification des personnages, leurs actions et leurs interactions
	• Synthèse des événements
		81 à 90

Pour trouver de bonnes idées, tu dois te poser les questions suivantes :

1. De quoi vais-je parler ? Est-ce que je connais bien ce sujet ? Ce sujet me rappelle-t-il des souvenirs ? Dois-je me documenter pour trouver une œuvre, un livre, etc. pour m'informer davantage avant d'écrire ?

2. Pourquoi j'écris ? Pour amuser quelqu'un, pour informer quelqu'un, pour obtenir moi-même des informations, pour exprimer mes émotions, mon opinion, pour faire agir quelqu'un ?

3. À qui j'écris ? À un ami, à mes parents, à un autre membre de ma famille, à des enfants plus jeunes que moi, à un groupe d'élèves, au rédacteur en chef d'un journal ?

Projet d'écriture

- Écris un texte qui raconte à tes lecteurs un accident, un incendie ou un autre événement malheureux dont tu as été témoin.

- Trouve des idées en te posant d'abord des questions sur ton intention d'écriture :

  Où étais-je ? Qu'est-ce que je faisais ? Quand était-ce ? Étais-je seul ? Quel incident a déclenché cet événement malheureux ? Qui a été impliqué dans cette histoire ? Qui a appelé du secours ? Que s'est-il passé ? Qui a bien réagi ? Qui a mal réagi ? Quelles solutions ont été trouvées ? Comment cette histoire s'est-elle terminée ? etc.

- Regroupe maintenant tes idées dans le plan de la page suivante. Ce petit plan te sera toujours utile pour trouver de bonnes idées lorsque tu voudras rédiger un texte. Il te sert à regrouper tes idées dans un ordre logique. Note-les sans nécessairement former de phrases.

Voir parents page 4

Partie 1 : Le début

Situe tes lecteurs : mon histoire se déroule où et quand, les personnes qui sont impliquées, etc.

Mon histoire se deraile au camp d'un ami de mes parents. Les personnes impliquées dans cette histoire sont : mon père, deux de mes soeurs, mon chien et mo

Partie 2 : L'élément déclencheur

Écris l'événement, l'incident ou le problème qui est survenu et qui a causé ou déclenché cette histoire.

Nous surfions le lac quand, tout à coup, l'hélicoptère fit défaut.

Partie 3 : Les péripéties

Raconte les actions qui se sont passées dans l'ordre où elles se sont déroulées. Tu peux aussi décrire les sentiments vécus par les personnages.

- *Nous venions juste de décoller pour revenir à notre maison que*
- *l'hélicoptère ne voulait plus monter et qu'il fallait atterrire d'urgence. Nous sommes atterrit dans*
- *chemin de bûcherons tout près du lac. Mon père nous a fait marcher sur le lac pour qu'il puisse retourner au camps.*

Partie 4 : La fin

Raconte comment ton histoire s'est terminée : une fin heureuse, malheureuse, drôle...

Après avoir fait 45 minutes de marche, nous étions enfin arriver et nous sommes repartit avec l'hélicoptère de nos amis.

Tu es maintenant prêt à écrire ton texte avec ton plan pour guide. Rappelle-toi qu'on peut toujours le modifier en cours de route si on trouve des idées qui conviennent mieux au déroulement de l'histoire et le faire lire à une ou plusieurs personnes afin d'obtenir des suggestions d'amélioration.

Voir parents page 4

Un bon texte comporte toujours un début, un milieu et une fin. Ça te paraît facile ? Pourtant, ces petits mots décrivent très bien les trois étapes logiques d'un texte. <u>Le début</u> sert à annoncer ce dont tu vas parler, à éveiller la curiosité du lecteur et à lui donner envie de lire la suite. <u>Le milieu</u> sert à raconter l'histoire en un ou plusieurs paragraphes. Tu dois te rappeler que chaque paragraphe doit être placé dans l'ordre chronologique des événements ou traiter d'un point particulier. <u>La fin</u> sert à terminer ton texte. Elle résume l'histoire, réaffirme ton opinion ou exprime une morale.

1 Classe les phrases suivantes en indiquant si tu les utiliserais dans la partie début (D), milieu (M) ou fin (F).

a) Pendant que son frère dormait... (M)

b) L'été dernier, j'ai passé mes vacances à la mer. (D)

c) Attention ! Tu vas tout gâcher ! (M)

d) J'aime beaucoup aller à la pêche avec toi. (F)

e) Je vais vous raconter ma première journée de vacances. (D)

f) Jamais plus je ne recommencerai. (F)

g) Enfin, ils ont retrouvé leur chemin. (F)

h) Ils s'éloignaient peu à peu de leur point de départ. (M)

i) C'est pourquoi je pense habiter le plus beau pays du monde. (F)

j) Cela se passait par une froide journée d'hiver. (D)

2 Les phrases du texte suivant sont dans le désordre. Tu dois les regrouper en paragraphes en les reliant au numéro de l'intertitre approprié. Récris ensuite les phrases de chaque paragraphe selon un ordre logique en portant une attention particulière à la première et à la dernière phrase.

La gélinotte huppée

1. Son aspect physique

2. Son habitat

3. Son alimentation

4. Son vol

5. Ses petits

Voir parents page 4

___ a) Les poussins sont capables de voler environ 15 jours après leur naissance.

___ b) Son bec brun pâle est légèrement recourbé et ses yeux sont rehaussés d'une bande blanchâtre.

___ c) La femelle couve ses œufs durant 23 jours.

___ d) Ces vols rapides sont de courte durée et l'oiseau ne franchit guère plus de 0,25 km.

___ e) De plus, elle affectionne particulièrement la proximité des ruisseaux.

___ f) La gélinotte huppée marche plutôt qu'elle ne vole.

___ g) La gélinotte huppée est un oiseau fort et assez trapu.

___ h) Finalement, lorsque cet oiseau veut parader, il étale sa queue en forme d'éventail.

___ i) En été, elle se nourrit de feuilles, de fleurs, de fruits et de baies, de graines variées, d'arbustes et de plantes.

___ j) On retrouve généralement la gélinotte huppée dans des boisés de grands arbres feuillus parsemés d'arbustes.

___ k) Ces aliments lui donnent tous les éléments nécessaires à sa survie.

___ l) Vers la mi-juin, la mère voit apparaître les poussins à quelques heures d'intervalle.

___ m) Elle préfère les boisés en bordure des champs, mais en hiver elle s'enfonce plus profondément en forêt.

___ n) En hiver, elle subsistera presque exclusivement de bourgeons et d'aiguilles de certains conifères.

___ o) On a déjà compté au total 4342 plumes sur un seul individu femelle.

___ p) La mère les réchauffe ensuite jusqu'à ce qu'ils soient secs et duveteux.

___ q) En résumé, son habitat est presque toujours près d'arbres feuillus, tels que les trembles et les bouleaux, mais jamais loin de gros conifères.

___ r) Le régime alimentaire des adultes inclut également une petite quantité d'insectes.

Voir parents page 4

___ s) Cependant, surprise et effrayée, elle est capable de s'envoler à une vitesse pouvant atteindre 75 à 90 km à l'heure.

___ t) Le mâle pèse en moyenne 675 grammes et mesure 45 cm de longueur.

___ u) À la fin de l'été, les jeunes ont déjà leurs plumes d'adulte et quittent maintenant leur mère.

___ v) Jamais elle ne vole à haute altitude.

___ w) La gélinotte est essentiellement végétarienne.

___ x) Lorsqu'elle est calme et que rien ne l'inquiète, son vol est silencieux, lent et plutôt lourd.

1. Son aspect physique

_____

_____

_____

_____

_____

_____

_____

_____

2. Son habitat

_____

_____

_____

_____

_____

_____

_____

_____

3. Son alimentation

_____

_____

_____

_____

_____

_____

_____

4. Son vol

_____

_____

_____

_____

_____

_____

_____

5. Ses petits

_____

_____

_____

_____

_____

_____

_____

Voir parents page 4

Sais-tu reconnaître les quatre types de phrases?

- **Phrase déclarative:** elle permet d'énoncer une idée, un fait, de donner son avis et elle se termine par un point.

  Ex.: – Le boulanger du quartier a eu un accident.

  – Je <u>ne</u> suis <u>pas</u> d'accord avec vous.

- **Phrase interrogative:** elle sert à poser une question, comporte souvent un mot d'interrogation (quel?, qui?, où?, etc.) et se termine par un point d'interrogation.

  Ex.: – As-tu acheté le livre que je t'avais demandé? Quand partons-nous? Est-ce que tu veux du gâteau? Elle a compris? Quel travail avons-nous terminé?

  – <u>Ne</u> faudrait-il <u>pas</u> partir?

- **Phrase exclamative:** elle est généralement utilisée pour exprimer une émotion, comporte souvent un mot d'exclamation (quel!, comme!, etc.) et se termine par un point d'exclamation.

  Ex.: – Vive les vacances!

  – <u>Ce</u> n'est <u>pas</u> possible!

- **Phrase impérative:** elle sert à donner un ordre ou un conseil et se termine par un point.

  Ex.: – Range bien ta chambre.

  – <u>Ne</u> prends <u>pas</u> cet autobus.

As-tu remarqué les exemples? Observe-les bien avant de lire la suite. Eh oui! Tu as trouvé! Chaque type de phrase peut prendre la forme positive ou négative.

1 Transforme les phrases suivantes en une phrase négative et deux phrases interrogatives différentes.

✗ a) Je dois m'acheter des crayons.

   négative: *Je ne dois pas m'acheter des crayons.*

   interrogative: *Dois-je m'acheter des crayons?*

   interrogative: *Peut-être que je dois m'acheter des crayons*

✗ b) Le résultat de ta multiplication est écrit.

   négative: *Le résultat de ta multiplication n'est pas écrit*

   interrogative: *Le résultat de ta multiplication est-il écrit?*

   interrogative: *Le résultat de ta multiplication n'est-il pas écrit?*

Voir parents pages 4-5

c) Jean-Pierre a oublié son sac d'école.

négative : _____

interrogative : _____

interrogative : _____

d) Ton frère et toi irez skier samedi prochain.

négative : _____

interrogative : _____

interrogative : _____

e) Elle viendra visiter le Biodôme avec nous.

négative : _____

interrogative : _____

interrogative : _____

2 Indique d'abord le type de chacune des phrases suivantes. Précise ensuite si elle est positive (P) ou négative (N) en encerclant la lettre.

a) Quel site merveilleux ! _____ (P) (N)

b) Je n'aime pas le gâteau aux cerises. _____ P (N)

c) Nous connaissons parfaitement notre chemin. _____ (P) N

d) Ne touche pas à ces plantes. _____ P (N)

e) Vous ne possédez pas encore d'ordinateur ? _____ P (N)

f) Comme je vous envie ! _____ (P) N

g) Olivier a-t-il terminé son devoir ? _____ (P) N

h) Julien doit aller chez le dentiste aujourd'hui. _____ (P) N

i) Va donc continuer ta pratique de piano. _____ (P) N

j) Ils n'ont aucunement raison d'agir ainsi. _____ P (N)

3 Souligne les mots de négation, les mots interrogatifs et les mots exclamatifs des phrases du numéro 2.

Voir parents pages 4-5

4 Connais-tu l'auteur québécois Raymond Plante ? Il a écrit de nombreux romans pour les jeunes. Imagine qu'il vient rencontrer les élèves de ta classe et pense à une dizaine de questions que tu pourrais lui poser sur sa vie, sa carrière, son œuvre, etc.

_____

_____

_____

_____

_____

_____

_____

_____

_____

5 Replace les mots suivants dans l'ordre pour faire une phrase complète et bien structurée. Fais attention à la ponctuation.

a) au ce irons soir - qui nous cinéma avec

_____

b) croyait avoir un père de ski sérieux accident mon ne aussi pas

_____

c) ce jeu trouve cruel et elle pas qu' n' sœur aime ma dangereux

_____

d) droit manquer respect autres de n' personne le de a les envers

_____

e) faire un -t- Isabelle stage ira France en elle

_____

f) enseignante aucun a nouvelle notre n' est très préjugé ouverte et suggestions aux

_____

g) spectacle -t- heure à le commencera quelle il

_____

h) dit je devrais instructeur m' mon a entraîner plus souvent m' que

_____

Voir parents pages 4-5

Le nom est le *noyau* du groupe du nom. Il lui donne son genre et son nombre. On dit que le nom est un *donneur* et que les mots qui l'accompagnent sont des *receveurs*, c'est-à-dire qu'ils dépendent de lui.

Le groupe du nom peut être composé d'un nom seul ou d'un pronom et d'un nom accompagné d'autres mots.

Ex. : Un nom propre : Justine

Un pronom : Elle

Un déterminant et un nom : Le chat

Un déterminant, un nom et un adjectif : Le chat gris

Un déterminant, un nom et deux adjectifs : Le petit chat gris

Ajout d'un complément du nom : Le chat <u>de ma grand-mère</u>

Etc.

1 Forme des groupes du nom en ajoutant un déterminant et un ou des adjectifs aux noms suivants.

Ex. : des **amis** fidèles et généreux.

insectes : _____

saison : _____

cheval : _____

pluie : _____

couleurs : _____

2 Écris le pronom qui remplace chaque groupe du nom du numéro 1.

a) _____ b) _____ c) _____ d) _____ e) _____

3 Ajoute un complément du nom aux groupes du nom suivants.

Ex. : Un crayon **de couleur**.

Une machine _____

Un potage _____

Du sucre _____

Un train _____

Un blouson _____

Voir parents page 5

4 Encadre les groupes du nom des phrases suivantes.

a) Mon cousin Éric cuisine de bons petits plats pour toute sa famille.

b) Colette chante des airs d'opéra.

c) Certains enfants préfèrent lire des bandes dessinées.

d) Finis ta lecture en attendant que Louise revienne du travail.

e) Ce week-end, mes amis Yan et Josée vont dormir à la maison.

Activité 5

La phrase de base comprend trois constituants :
le groupe sujet (GS) + le groupe verbal (GV) + le groupe complément de phrase (GCP).

Ex. : Ta petite sœur (GS) prendra des cours de natation (GV) l'automne prochain (GCP).

Parfois, il n'y a pas de groupe complément de phrase. Ta petite sœur (GS) prendra des cours de natation (GV).

Le groupe constitué du verbe accompagné d'un attribut ou d'un complément du verbe est appelé groupe du verbe-prédicat (GV-P).

1 Encadre les constituants des phrases suivantes et identifie-les. (GS, GV-P ou GCP)

a) L'ami de mon père aime beaucoup donner son opinion.

b) À la fin du mois d'avril, nous partirons en vacances.

c) Hugues et Martine proposent un jeu très intéressant.

d) Le directeur de l'école viendra dans notre classe pour nous parler du code de vie.

e) Crois-tu encore au père Noël ?

2 Complète ces phrases à ta manière et refais le même travail que celui demandé à l'exercice 1.

a) J'espère que nous pourrons _____

b) Au mois d'août, _____

c) Je me demande bien _____

d) Cette jeune athlète _____

3 Ajoute un groupe sujet aux phrases suivantes.

GS	GV-P
a)	est un sport très populaire.
b)	marche avec son chien.
c)	devons préserver notre environnement.
d)	répondent à nos demandes.
e)	apprécient ce mets de choix.

Voir parents pages 5-6

Pour ajouter un complément *direct* au verbe on pose les questions *qui*? ou *quoi*? Ex.: Je mange *quoi*? Je <u>mange une pomme</u>.

4 Ajoute un complément direct aux phrases suivantes.

        GS   GV-P

a) | Josie | ne veut pas | .

b) | Nous | avons pris | .

c) | Tu | iras visiter | .

Pour ajouter un complément *indirect* au verbe on pose les questions *de qui*? *de quoi*? *par qui*? *par quoi*? *avec qui*? *avec quoi*? etc. Ex.: Je mange *avec qui*? Je <u>mange avec mon frère</u>.

5 Ajoute un complément indirect aux phrases suivantes.

       GS   GV-P

a) | Ma grand-mère | parle | | .

b) | Ce délicieux gâteau | a été confectionné | | .

c) | Ta sœur | cuisine | | .

Le groupe complément de phrase ne fait pas partie du groupe du verbe. Pour ajouter un groupe complément de phrase, on pose souvent les questions *où*?, *quand*?, *comment*? etc. Ex.: France va *où*? France va <u>au cinéma</u>. Mes parents partent *quand*? Mes parents partent <u>la semaine prochaine</u>.

6 Complète les phrases suivantes avec un complément de phrase.

	GS	GV-P	GCP
a)	Notre famille	est allée en promenade		.
b)	Vous	êtes revenus d'Europe		.

Si une phrase contient un verbe du même type que le verbe être (ex. : devenir, paraître, sembler, rester, demeurer, avoir l'air, etc.), on trouve un *attribut du sujet*. Comme l'adjectif, l'attribut du sujet s'accorde toujours en genre et en nombre.

Ex. : Cette machine est <u>silencieuse</u>.   *fém. sing.*

Mes tantes sont <u>avocates</u>.   *fém. plur.*

Attention ! Tu ne dois pas le confondre avec un participe passé.

                 Attribut   Participe passé

Le chauffeur est <u>compétent</u>.   Le chauffeur est parti. (v. partir)

Les élèves sont <u>chanceux</u>.   Les élèves sont revenus de la récréation. (v. revenir)

---

7 A. Souligne les verbes de chaque phrase.
     B. Entoure ensuite les attributs.
     C. Relie chaque attribut à son sujet par une flèche.
     D. Écris le genre et le nombre du sujet au-dessus de la flèche.

a) La machine à écrire est désuète.

b) Cette automobile semblait pourtant neuve.

c) Cette chanteuse demeure à Montréal.

d) Cette chanteuse demeure la meilleure.

e) L'employée avait l'air grande.

f) Ma tante est fatiguée.

g) Ma grand-mère fait du bon sucre à la crème.

h) La montagne paraît éloignée.

i) La surface du trottoir est glissante.

Voir parents pages 5-6

Tu peux enrichir tes phrases en :

- ajoutant ou en enlevant des mots aux constituants déjà formés : une per-sonne drôle = une personne <u>tellement</u> drôle. Alexis = Alexis, <u>le fils aîné de la famille</u>, ...

- ajoutant des compléments de phrase : Nous sommes allés au restaurant. = Nous sommes allés au restaurant <u>pour fêter l'anniversaire de mon frère</u>.

- déplaçant des constituants : Joël s'est cassé le bras juste avant la compé-tition. = Juste avant la compétition, Joël s'est cassé le bras.

- fusionnant deux phrases ou deux idées en une seule : J'ai un devoir à terminer. C'est un devoir de français. = J'ai un devoir de français à terminer.

Attention ! Tu dois relire tes phrases à voix haute pour en vérifier le sens.

8 Transforme les phrases suivantes en observant l'exemple ci-dessous.

- Encadre d'abord les constituants de la phrase.

- Ajoute ensuite des mots à ces constituants. Pour t'aider, pose-toi des questions comme : *Qui ? Quoi ? Avec qui ? Où ? Quand ? Pourquoi ? Comment ?* etc.

Exemple :

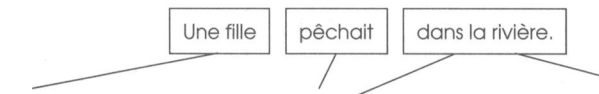

<u>Une petite fille blonde</u> <u>pêchait joyeusement</u> <u>dans la rivière claire et</u>

<u>froide en fin d'après-midi.</u>

Tu peux aussi inverser la phrase si elle s'énonce mieux ainsi.

En fin d'après-midi, une petite fille blonde pêchait joyeusement dans la rivière claire et froide.

À ton tour !

a) Guillaume marche sur la plage.

b) Le chat attrape des souris.

c) Le tigre est un animal.

d) Le professeur de musique chante.

e) La femme se dirige vers sa voiture.

f) Le film est intéressant.

Voir parents pages 5-6

9 Ajoute des mots ou des groupes de mots aux phrases suivantes en respectant les questions demandées. Tu peux inverser des éléments si les phrases s'énoncent mieux ainsi. Porte une attention particulière à l'orthographe et à la ponctuation.

a) J'ai terminé mon devoir.　　　(Lequel? Quand?)

_____

b) Ronald est parti en vacances.　　　(Qui est Ronald? Où?)

_____

c) As-tu aimé le film?　　　(Quel film? Quand? Où?)

_____

d) J'irai me baigner.　　　(Quand? Où? Avec qui?)

_____

e) Louise cherche un restaurant.　　　(Quel type de restaurant? Pourquoi?)

_____

f) Michel a rangé ses disquettes.　　　(Quelles disquettes? Où?)

_____

g) Ma grand-mère est tombée.　　　(Où? Quand? Comment?)

_____

10 Fusionne les phrases afin d'éviter les répétitions.

a) J'ai un devoir à terminer ce soir. C'est un devoir de français que j'avais oublié de faire.

_____

b) Antoine déguste le gâteau au chocolat. Le gâteau au chocolat a été préparé pour lui par sa grand-mère.

_____

c) J'ai fermé la fenêtre. La fenêtre était restée ouverte.

_____

d) Lorsque le soleil se lève, la chouette s'endort. Au même moment, le coq se met à chanter.

_____

e) Mon père a besoin de béquilles pour marcher. Il a eu un accident. Il était allé faire du ski.

_____

Voir parents pages 5-6

Quelques marqueurs de relation : tout à coup, alors, de, par, pour, à, dans, mais, car, soudain, aussi, toutefois, finalement, cependant, parfois, lorsque, parce que, donc, comme, afin de, ensuite, quand, etc.

1 Complète les phrases suivantes par le marqueur de relation qui convient.

a) Je lui ai prêté mon livre _____ qu'il puisse faire son devoir.

b) Éric aime marcher dans la forêt _____ il adore observer les oiseaux.

c) _____ je me lève vers sept heures.

d) Mon chat va se cacher _____ il y a trop de bruit dans la maison.

e) _____ nous nous lèverons, nous partirons.

f) Le poète aime écrire _____ ses amis.

2 Récris les phrases suivantes en utilisant les pronoms qui évitent les répétitions.

a) Le hibou est un oiseau nocturne ; le hibou a un plumage foncé.

_____

b) Marielle est très débrouillarde, je fais confiance à Marielle.

_____

c) Le chien de Guy veut aller dehors ; Guy emmène son chien faire une petite balade.

_____

Quelques pronoms relatifs : qui, que, qu', quoi, dont, où, lequel, laquelle, lesquels, lesquelles, duquel, de laquelle, auquel, auxquels, etc.

3 Complète les phrases suivantes par le pronom relatif qui convient et entoure le nom qu'il remplace.

a) Connais-tu le restaurant _____ j'aime aller manger ?

b) Le mot _____ je pense commence par la lettre *t*.

c) Le Chili est un pays _____ possède des climats variés.

Voir parents page 6

d) Les fleurs _____ j'ai cueillies sont très odorantes.

e) Voici le livre _____ je vous ai parlé.

f) C'est un animal _____ a plutôt l'air féroce.

4 Ce texte te donne quelques renseignements sur les requins. Pour le rendre plus facile à lire, remplis les espaces avec les mots de relation et de substitution suivants.

> dans – chez – parfois – on – pour – parmi – bientôt – qui – aussi – et sans doute – ou – à – ils – parmi – quelques-unes – pendant – près

_____ tous les poissons, les requins sont les mieux équipés pour
(1)
chasser et tuer. _____ perçoivent très bien les vibrations dans
(2)
l'eau : _____ pense qu'ils détectent des mouvements à
(3)
250 mètres de distance. Ils ont _____ un odorat très développé.
(4)
Ces deux sens sont essentiels _____ la chasse. Un animal blessé
(5)
_____ malade qui se débat attirera _____ tous les requins
(6)   (7)
des environs. _____, la vue d'un requin qui attaque sa victime
(8)
déclenche _____ les autres requins une sorte de frénésie,
(9)
_____ laquelle ils déchiquettent follement la proie et tout ce
(10)
qui se trouve _____ d'elle, même les autres requins. Le sang
(11)
_____ se mélange _____ l'eau les met également
(12)   (13)
_____ un état de vive excitation _____ les rend encore
(14)   (15)
plus dangereux.

5 Remplace les mots en caractères gras par un synonyme ou un autre terme substitut. Les phrases doivent conserver le même sens.

a) Les **petits chiens** sont très enjoués.

_____

b) Paul **enlève l'emballage de** cette boîte.

_____

c) On reconnaît facilement l'odeur **des pins, des sapins et des mélèzes.**

_____

Voir parents page 6

La ponctuation favorise une meilleure compréhension de la lecture en nous aidant à repérer les phrases et à dégager le sens du texte. Les différents signes de ponctuation servent à délimiter les phrases, à en séparer les éléments ou à marquer un dialogue.

Les signes les plus fréquemment utilisés sont: le point (.), le point d'interrogation (**?**), le point d'exclamation (**!**), la virgule (**,**), le point-virgule (**;**), le deux- points (**:**), les guillemets («...») et le tiret (**–**).

- La virgule est souvent utilisée pour ces raisons:

  a) séparer les mots de même classe d'une énumération: une pomme, une orange, un kiwi, une banane **et** (**ou**) une prune.

  b) isoler un groupe de mots:

  Robert, le directeur de l'école , participera à notre réunion.

  – Oui, répondit Robert , mais je devrai partir à huit heures.

  c) isoler ou encadrer le groupe complément de phrase:

  L'hiver dernier , ma mère et moi avons fait beaucoup de ski.

  Ma mère et moi, l'hiver dernier , avons fait beaucoup de ski.

- Le deux-points sert à donner une explication ou à annoncer des paroles rapportées: Florence dit:

- Les guillemets annoncent le début et la fin de paroles rapportées: Florence dit: «Que faites-vous là?»

- Le tiret se place toujours au début d'une ligne et indique un changement d'interlocuteur:

  – Qu'en pensez-vous?

  – Je ne suis pas d'accord.

1 Ajoute les virgules aux bons endroits et justifie ton choix en écrivant la raison appropriée telle qu'elle apparaît dans l'encadré précédent. (a), (b) ou (c).

a) Laura ma meilleure amie passera deux semaines chez moi l'été prochain. (____)

b) Soudain de gros nuages obscurcirent le ciel. (____)

c) La patineuse glissait sautait virevoltait et retombait gracieusement sur la glace. (____)

d) Lorsque le panier sera plein nous pourrons arrêter d'en cueillir. (____)

e) «Ce n'est pas le moment» soupire mon père. (____)

f) En ce temps-là vivait en Mauricie un trappeur nommé Paul Legault. (____)

Voir parents page 6

2 Pour dégager le sens du texte suivant et en assurer une plus grande compréhension, ajoute la ponctuation qui convient. (. , ; : « »). N'oublie pas les majuscules quand c'est nécessaire.

Le béluga du Saint-Laurent

Le béluga est une petite baleine blanche de la même famille que les dauphins on l'appelle aussi marsouin ou marsouin blanc et il est reconnu pour être une forme très ancienne de mammifère marin il est muni de bonnes dents elles lui permettent de se nourrir de poissons son poids atteint environ 1 000 kilos cependant il ne pèse que 60 kilos à sa naissance savais-tu que veau est le nom donné au petit

La femelle béluga donne naissance à un seul veau à la fois et ce tous les trois ans quand le veau naît il est d'une couleur brunâtre en grandissant il devient gris-bleu ce n'est qu'à l'âge adulte qu'il prend sa couleur blanche si caractéristique qui nous permet de l'identifier facilement en mer de près on peut remarquer sa tête arrondie comme un melon et l'absence de nageoire dorsale c'est un animal curieux de nature et qui vit en groupe par petits troupeaux

Les bélugas communiquent entre eux par des sons c'est pourquoi ils ont hérité du surnom de canari des mers ils demeurent en contact les uns avec les autres en jetant des coups d'œil autour d'eux car leur tête est beaucoup plus mobile que celle des autres baleines ils plongent et font surface au rythme de leur respiration

Le béluga est d'abord un animal arctique qui aime les eaux froides on croit qu'il reste chez nous si loin au sud à cause de la qualité exceptionnelle des eaux dans la région du Saguenay ces eaux leur rappellent ce que devait être le Saint-Laurent il y a plus de 10 000 ans à l'époque où le Québec était recouvert de glaces le béluga trouvait alors probablement dans nos régions les seules eaux poissonneuses sans glaces avant le pôle Nord

Voir parents page 6

Difficile parfois de trouver le mot juste ? Il est vrai qu'acquérir un vocabulaire riche et précis n'est pas tâche facile et demande beaucoup de travail. On ne te répétera jamais assez que la lecture est le meilleur moyen d'y arriver. Tu n'aimes pas la lecture ? D'accord, mais tu devras mémoriser plein de mots qui t'aideront à t'exprimer avec plus de justesse oralement ou par écrit. Voici quelques moyens faciles d'acquérir du vocabulaire et de mémoriser l'orthographe :

Les familles de mots : **rêver :** rêve, rêveur, rêvasser, rêverie, rêvasseur ; **soleil :** solaire, ensoleillé, ensoleiller, ensoleillement ; **sympathique :** sympathisant, sympathie, sympathiser, sympathiquement.

Les synonymes et les antonymes : **aimable :** (syn.) gentil, affable, attentionné, poli... (ant.) désagréable, haïssable, insupportable... ; **énerver :** (syn.) agacer, exciter, impatienter... (ant.) calmer, apaiser, détendre...

Les préfixes : **re**dire, **re**faire, **re**connaître... ; **dé**composer, **dé**faire, **dé**tendre... ; **in**capable, **in**connu, **in**supportable... ; **im**possible, **im**pardonnable, **im**poli... ; **bi**moteur, **bi**pède, **bi**place... ; les suffixes : poli**ment**, dure**ment**, agréable**ment**, genti**ment**... ; abond**ance**, clairvoy**ance**, nonchal**ance**, indépend**ance**... ; petit**esse**, robust**esse**, soupl**esse**, sag**esse**...

Tu peux aussi faire des mots croisés, jouer au scrabble ou à d'autres jeux amusants. Surtout, n'hésite jamais à consulter un dictionnaire pour chercher la signification d'un mot ou pour confirmer ce que tu pensais déjà. Et puis, qu'est-ce qui t'empêche, même si tu n'aimes pas beaucoup la lecture, de lire une bonne revue, une bande dessinée ou un petit roman amusant ?

1 Remplace les mots soulignés par un synonyme.

a) Ce travailleur est très <u>honnête</u>.

_____

b) Notre rencontre fut <u>agréable</u>.

_____

c) Ton frère est d'une telle <u>amabilité</u>.

_____

d) <u>Partageons</u> nos bonbons.

_____

e) J'ai déjà fait ce <u>trajet</u>.

_____

f) Maxime <u>fête</u> son anniversaire.

_____

Voir parents pages 6-7

Activité 8

2 En utilisant les préfixes de l'encadré, forme de nouveaux mots avec les mots de base suivants.

re – mé – anti – ex – sur – dé – mal – in – im – il

____ venir,   ____ chercher,   ____ mobile,   ____ lisible,

____ direct,   ____ mettre,   ____ prendre,   ____ connaître,

____ porter,   ____ vol,   ____ voler,   ____ actif,

____ habile,   ____ discret.

3 a) À ton dictionnaire ! Voici un tableau de mots de même famille. Essaie de trouver le plus d'éléments possible en observant l'exemple.

Nom	Verbe	Adjectif	Adverbe
Ex. : froideur	refroidir	froid	froidement
lecture			
	encourager		
		précis	
			pacifiquement
	maigrir		
			finalement
fraîcheur			
		rageur	
tromperie			
		véritable	

b) Trouve un mot de la même famille pour t'aider à trouver la dernière lettre des mots suivants :

fron__ : _____   accro__ : _____   débu__ : _____

4 Entoure le terme générique de chaque groupe de mots et classe les termes spécifiques par ordre alphabétique.

a) orange, fruit, kiwi, clémentine, poire, fraise, melon

_____

b) travailler, penser, verbe, agir, continuer, refaire, changer

_____

Voir parents pages 6-7

c) chat, tigre, félin, lion, guépard, jaguar, panthère

_____

d) jambon, veau, poulet, viande, bœuf, mouton, porc

_____

e) couleur, mauve, vermeil, rouge, vert, violet, jaune

_____

5 Complète les expressions suivantes et trouve le chiffre qui les associe à leur explication au sens figuré.

1. Ne pouvoir agir.	8. Abandonner un projet, une idée.
2. Être maladroit.	9. Être très doué pour la couture.
3. Verser immédiatement la totalité d'une somme que l'on doit.	10. Boire beaucoup d'alcool.
4. Rire un bon coup.	11. Se compliquer la vie.
5. En vouloir à quelqu'un.	12. Être l'un contre l'autre.
6. C'est son point faible.	13. Prendre plus de nourriture qu'on ne peut en manger.
7. Lui faire faire tout ce qu'on veut.	14. Qui a beaucoup d'importance pour quelqu'un.

a) Couper les cheveux en _____. (___)

b) Mener quelqu'un par le bout du _____. (___)

c) Avoir les _____ liées. (___)

d) Payer rubis sur l'_____. (___)

e) Avoir les _____ plus grands

   que le _____. (___)

f) Avoir les _____ pleines de _____. (___)

g) Lever le _____. (___)

h) Avoir une _____ contre quelqu'un. (___)

i) Comme la _____ de ses yeux. (___)

j) Avoir des _____ de fée. (___)

k) C'est son _____ d'Achille. (___)

l) Être _____ à _____. (___)

m) Baisser les _____. (___)

n) Dilater la _____. (___)

Voir parents pages 6-7

6 Indique si les mots soulignés sont employés au sens figuré (F) ou au sens commun (C).

a) J'ai mal à la <u>tête</u>. (___) Ma sœur est en <u>tête</u> du classement. (___)

b) Il a la <u>cœur</u> sur la main. (___) Nous sommes au <u>cœur</u> du problème. (___)

c) Il <u>saute</u> à la corde. (___) Elle a <u>sauté</u> le numéro quatre. (___)

d) J'ai le visage en <u>feu</u>. (___) Cette maison est en <u>feu</u>. (___)

e) Ses <u>cheveux</u> sont longs et brillants. (___) Il coupe toujours les <u>cheveux</u> en quatre. (___)

f) Cette triste nouvelle me <u>déchire</u> le cœur. (___) Tu peux <u>déchirer</u> son carnet. (___)

7 Complète les phrases avec l'antonyme des mots suivants.

> culpabilité agitée heureusement échoué
> humide autorisé léger fragilité

a) Nous prendrons un repas _____.

b) Jamais je n'ai vu la mer si _____.

c) Noémie a _____ cet examen.

d) Il est _____ de se baigner dans ce lac.

e) Je suis convaincu de l'_____ de cette femme.

f) La _____ de cette étagère m'étonne.

g) Il n'a _____ aucune chance de participer à cette rencontre.

h) Le temps est très _____ aujourd'hui.

8 Observe les mots suivants. Ils ont tous le même suffixe. Trouve la définition de chacun d'eux.

a) téléphone : _____

b) mégaphone : _____

c) aphone : _____

d) saxophone : _____

e) francophone : _____

En observant tes définitions, peux-tu trouver un sens à «phone» ?

_____

Voir parents pages 6-7

Voici quelques homophones :

(a, à), (son, sont), (on, ont), (ou, où), (sans, s'en), (dans, d'en), (peu, peut, peux), (se, ce), (ni, n'y), (mes, mais, met, mets), (ses, ces, s'est, c'est), (cet, cette), (qui, qu'il), (mon, m'ont), (ma, m'a), (la, l'a), (ta, t'a).

Souligne en rouge ceux que tu as de la difficulté à retenir. As-tu déjà pensé qu'ils te causent peut-être des problèmes parce que tu connais mal leur signification ou leur classe ? À toi donc de trouver la définition de ceux que tu as soulignés.

Exemple : <u>on, ont</u>.

On : pronom indéfini, 3e pers. du singulier. Il est toujours sujet d'un verbe. *On* avait du mal à croire que... ; Nous ne pouvons y aller parce qu'*on* ne connaît pas le trajet.

Ont : verbe avoir, indicatif présent, 3e pers. du pluriel. Il est au passé composé s'il est accompagné d'un participe passé. Les enfants *ont* étudié leurs leçons. Ils *ont* un examen.

9 Choisis le bon homophone.

a) (si, s'y, ni, n'y)

Il fait _____ noir qu'on _____ voit rien. _____ l'un _____ l'autre ne comprend quelque chose. Il _____ rend tous les jours.

b) (se, ce, cet, cette)

_____ dessert _____ présentera bien sur _____ table. _____ animal _____ nourrit de poissons. Il _____ trouve que _____ homme a raison.

c) (c'est, s'est, peu, peux, peut)

Il _____ donné bien _____ de temps. _____ _____-être mieux ainsi. _____-tu me dire si _____ moi qui serai le prochain ? _____ importe le _____ de temps qu'il nous reste car il se _____ que mon père vienne nous chercher.

d) (dans, d'en, son, sont)

Il pousse plusieurs légumes _____ _____ potager. Il suffit _____ couper deux ou trois qui _____ prêts à être cueillis. Quelle belle salade !

Activité 8

e) (on, on n', ont, mon, m'ont, mont)

_____ a pas besoin d'attendre _____ frère pour aller skier au _____

Carcajou. Ses amis et lui _____ déjà damé la pente et ils _____

assuré qu'_____ pourra les aider la journée terminée.

f) (sans, s'en, cent, sens, sent)

Puisqu'il _____ va demain, il est venu _____ son cartable. Je _____

le parfum de ce bouquet qui contient au moins _____ fleurs. Comme

il _____ bon !

Connais-tu l'orthographe des nombres <u>inférieurs</u> à cent ? Facile à retenir parce que tous les nombres jusqu'à cent se divisent en trois sous-groupes :

a) les nombres qui s'écrivent en un seul mot : deux, treize, quarante...

b) les nombres qui se prononcent avec un <u>et</u> : trente et un, soixante et un, soixante et onze...

c) tous ceux qui restent prennent un trait d'union : dix-neuf, vingt-sept, quatre-vingt-un...

Au-dessus de cent, la même règle s'applique.

10 a) Écris huit nombres de chaque sous-groupe.

Voir parents pages 6-7

b) Écris dix nombres de ton choix supérieurs à cent.

_____   _____

_____   _____

_____   _____

_____   _____

_____   _____

Tu te rappelles qu'il faut toujours mettre une majuscule aux noms propres ? Il peut s'agir de noms de personnes, de peuples ou de lieux. Observe bien.

Adrien aime beaucoup les **I**taliens. L'été dernier, il a visité l'**I**talie avec ses parents et a été conquis par le charme de ce beau pays. Il a visité plusieurs villes dont **R**ome, **V**enise, **N**aples et **M**ilan, et a pu admirer la mer **A**driatique. Il a été impressionné par la célèbre tour penchée de **P**ise, mais veux-tu savoir ce qu'il a le plus apprécié ? Ce sont les mets italiens. Pas étonnant, il est tellement gourmand !

Peux-tu expliquer pourquoi dans la phrase : «Ce sont les mets italiens.», le mot «italiens» ne prend pas la majuscule ? Si tu ne le sais pas, va voir dans le corrigé à la fin du livre (no 11 de l'activité 8).

11 a) Ajoute une majuscule aux mots qui en nécessitent.

• La ville de paris est la capitale de la france. alexia est une petite québécoise qui y vit depuis trois ans. Son père a obtenu un emploi temporaire au musée du louvre. Ils vivent dans le quartier montmartre. alexia fréquente le collège pasteur. Ses amis ne sont pas tous français. Il y a magued qui est égyptien. Il est originaire de l'égypte mais il est venu en france lorsqu'il n'avait que deux ans. Il ne garde aucun souvenir d'alexandrie, sa ville natale. Il y a également andrés qui est né sur la côte espagnole. Originaire de barcelone, il n'a eu aucune difficulté à apprendre le français. La mère d'andrés invite souvent alexia à venir chez eux manger de la succulente paëlla.

• Les rocheuses sont situées à l'ouest du canada. Elles ont toujours attiré de nombreux adeptes du ski. Des canadiens et des américains surtout, mais aussi beaucoup d'autres touristes japonais, français, anglais ou autres en profitent, peu importe la saison. Les régions du lac louise et de banff sont renommées pour l'incomparable beauté de leur paysage. La plupart des transporteurs canadiens vous y amènent à partir de montréal.

Voir parents pages 6-7

b) Peux-tu deviner le nom ou la ville des équipes sportives professionnelles suivantes?

a) les ___olphins de _____
b) les ___lue ___ays de _____
c) les ___apitals de _____
d) les ___xpos de _____
e) les ___ings de _____
f) les ___ed Wings de _____
g) les ___ilers d'_____
h) les ___ingouins de _____
i) les ___anuks de _____

j) les C_____ de ___ontréal
k) les S_____ d'___ttawa
l) les S_____ de ___uffalo
m) les M_____ de ___ew York
n) les D_____ de ___os Angeles
o) les F_____ de ___hiladelphie
p) les B_____ de ___aint Louis
q) les F_____ de ___algary
r) les B_____ de ___oston

12 Utilise un dictionnaire pour répondre aux questions suivantes.

a) Écris le genre des noms suivants.

hantise : _____

hydrogène : _____

habit : _____

orgueil : _____

hôtel : _____

escalier : _____

b) Qu'est-ce qu'une *luzule*?

_____

_____

c) Comment s'écrit *couvre-lit* au pluriel?

_____

_____

d) Quel autre nom donne-t-on à l'*espadon*?

_____

_____

Voir parents pages 6-7

Formation du féminin des noms et des adjectifs

Règle générale : **ajout d'un e**	**eau : elle**
grand : grand**e** ami : ami**e**	jum**eau** : jum**elle** nouv**eau** : nouv**elle**
même forme	**forme différente**
aimabl**e** : aimabl**e** élèv**e** : élèv**e**	papa : maman bœuf : vache
er : ère	**e : esse**
fermi**er** : fermi**ère** lég**er** : lég**ère**	princ**e** : princ**esse** pauvr**e** : pauvr**esse**

f : ve	**x : se, ce ou sse**	**c : che ou que**
veu**f** : veu**ve**	heureu**x** : heureu**se** dou**x** : dou**ce** fau**x** : fau**sse**	fran**c** : fran**che** publi**c** : publi**que**

Formations avec quelques exceptions

eur : euse	
dans**eur** : dans**euse** moqu**eur** : moqu**euse**	*docteur : docteure* *meilleur : meilleure*
teur : trice	
ac**teur** : ac**trice** créa**teur** : créa**trice**	*chanteur : chanteuse* *menteur : menteuse*
l, n, s, t : lle, nne, sse, tte	
crue**l** : crue**lle** bo**n** : bo**nne** gro**s** : gro**sse** viole**t** : viole**tte**	*cousin : cousine* *délicat : délicate* *secret : secrète* *ras : rase*

Voir parents page 7

1 Dans chaque série, fais un **✗** sur le mot qui forme son féminin différemment.

   a) neveu, homme, parrain, coq, bœuf, lion

   b) étudiant, ami, favori, brun, marchand, voisin

   c) aimable, tigre, camarade, fidèle, propriétaire, habile

   d) acteur, moniteur, animateur, menteur, révélateur, spectateur

   e) fripon, champion, breton, lion, espion, démon

2 Écris les phrases suivantes au féminin.

   a) Charlot est un skieur expert et
      téméraire.

      _____

      _____

   b) Cet acteur s'est déguisé en
      chat gris.

      _____

      _____

   c) Le vieil homme emmena son
      chien malade chez le vétérinaire.

      _____

      _____

   d) Le meilleur danseur est agile, élancé et souple.

      _____

   e) Le loup féroce guette le cerf farouche.

      _____

Voir parents page 7

Formation du pluriel des noms et des adjectifs

S	X
Règle générale : ajout d'un **s** un lapin noir : des lapin**s** noir**s**	
ail : ails un détail : des détail**s** *principales exceptions* →	*bail, corail, émail, soupirail, travail, vitrail :* b**aux**, cor**aux**, ém**aux**, soupir**aux**, trav**aux**, vitr**aux**
ou : ous un clou : des clou**s** *exceptions* → *hiboux,*	*bijou, caillou, chou, genou, hibou, joujou, pou :* bijou**x**, caillou**x**, chou**x**, genou**x**, joujou**x**, pou**x**
  bal, carnaval, cérémonial, chacal, festival, récital, régal, banal, fatal, natal, naval : bal**s**, carnaval**s**, cérémonial**s**, chacal**s**, festival**s**, récital**s**, régal**s**, banal**s**, fatal**s**, natal**s**, naval**s**	**al : aux** un anim**al** : des anim**aux** ← *quelques exceptions*
	eau : eaux un bat**eau** : des bat**eaux**
landau, sarrau : land**aus**, sarr**aus**	**au : aux** un tuy**au** : des tuy**aux** ← *quelques exceptions*
bleu, pneu : bl**eus**, pn**eus**	**eu : eux** un f**eu** : des f**eux** ← *principales exceptions*

- **Les mots qui se terminent par s, x et z sont invariables**

  une souris : des souris

  un prix : des prix

  un nez : des nez

- **Certains mots ont un pluriel très différent du singulier**

  le ciel : les cieux

  l'œil : les yeux

Voir parents page 7

3 Entoure les noms et les adjectifs des phrases suivantes. En bleu s'ils sont au singulier et en rouge s'ils sont au pluriel.

a) Les petits animaux de la forêt manifestèrent leur présence.

b) Le prix des produits laitiers a augmenté tandis que celui des fruits a chuté.

c) On pouvait percevoir des bruits étranges juste avant la catastrophe.

d) Choisissez trois numéros et vous serez peut-être la gagnante de la soirée.

e) Croyez-vous encore aux contes fabuleux de ce livre ancien ?

4 Dans chaque série, fais un ✗ sur le mot qui forme son pluriel différemment.

a) tigre, lion, félin, perdrix, clou, livre

b) vitrail, émail, épouvantail, corail, bail, travail

c) cheveu, genou, hibou, chapeau, tuyau, sarrau

d) feu, essieu, milieu, bijou, pneu, caillou

e) hôpital, médical, mal, bocal, spécial, récital

5 Mets au pluriel les phrases suivantes.

a) Voici un animal terriblement vorace et capricieux.

_____

b) L'œil perçant du lynx scrute l'arbre ou la clairière pour trouver sa proie.

_____

c) Le drapeau multicolore flotte sur le mât du bateau.

_____

d) Durant le carnaval, j'assisterai à un récital folklorique original.

_____

Voir parents page 7

Tu connais déjà le groupe du nom et ses éléments : déterminant, adjectif, participe passé sans auxiliaire. Tu sais aussi que le nom est le noyau et qu'il donne son genre et son nombre aux mots qui l'accompagnent.

Le genre est masculin ou féminin ; le nombre, singulier ou pluriel. Il y a aussi les attributs qui ne font pas partie du groupe du nom sujet mais qui s'accordent avec le nom. Observe bien.

– deux petites **bêtes** adorables et poilues (fém. plur.)

– la belle **langue** française (fém. sing.)

– une grande **fenêtre** fermée (fém. sing.)

– une longue **planche** clouée (fém. sing.)

– ces **portes** sont défoncées (fém. plur.)

– le **store** est clair et léger (masc. sing.)

1 Ajoute un déterminant, un adjectif, un participe ou un nom aux groupes suivants.

a) Une _____ franche et _____.

b) La _____ est brisée.

c) _____ beaux _____.

d) Des yeux _____ et _____.

e) Cette _____ _____.

f) Leurs _____ _____ seraient trouées.

> C'est quoi notre genre ?

2 Accorde le mot entre parenthèses. Fais une flèche jusqu'au nom auquel il se rapporte et note au-dessus le genre et le nombre.

a) La taille du cerf est (élancé) _____ et ses pattes sont (délicat) _____.

b) Des récits (magique) _____. Une histoire (déchirant) _____.

c) Des exercices (éreintant) _____. Un repos bien (mérité) _____.

d) Des vêtements (extravagant) _____. Des chaussures (inconfortable) _____.

e) Quelques animaux des forêts (tropical) _____ sont (féroce) _____.

Voir parents page 7

3 Accorde les adjectifs suivants au pluriel et note le genre de chacun. N'hésite pas à consulter le dictionnaire.

a) De (petit) _____ avions. (_____)

b) Des hôpitaux bien (géré) _____. (_____)

c) Les autobus mal (stationné) _____. (_____)

d) Les horloges (synchronisé) _____. (_____)

e) Des escaliers (tournant) _____. (_____)

f) Des pamplemousses trop (mûr) _____. (_____)

g) Des étagères mal (fixé) _____. (_____)

h) Des pétales (rosé) _____. (_____)

i) Des incendies (meurtrier) _____. (_____)

j) Des arômes (parfumé) _____. (_____)

4 Écris l'indice qui te permet de découvrir si Dominique et Gaby sont un homme ou une femme.

« Gaby, ici Dominique. Je suis très inquiet. Tu devais venir chez moi après la représentation mais tu n'es pas encore arrivée. Aurais-tu oublié ? Rappelle-moi vite. »

Gaby est _____ (indice : _____)

Dominique est _____ (indice : _____)

Tu dois porter une attention particulière à certains déterminants. La difficulté provient du fait qu'ils sont souvent prononcés de la même manière, au singulier ou au pluriel.

J'ai fini **tout** mon travail. (masc. sing.) J'ai fini **tous** mes travaux. (masc. plur.)

J'ai bien lu **toute** la consigne. (fém. sing.) J'ai bien lu **toutes** les consignes. (fém. plur.)

Quel temps magnifique ! (masc. sing.) **Quels** beaux paysages ! (masc. plur.)

Quelle heure est-il ? (fém. sing.) **Quelles** conclusions tirez-vous ? (fém. plur.)

Leur ami est parti en vacances. (masc. sing.) Ils nettoient **leurs** chaussures. (fém. plur.)

Attention au mot *leur* <u>devant un verbe</u>. Ce n'est pas un adjectif, c'est un pronom. Il ne prend jamais de *s*, il est invariable. Je <u>leur</u> ai dit. Je <u>leur</u> envoie une lettre.

Voir parents page 7

5 Complète par tout, tous, toute ou toutes.

a) Philippe a mangé _____ les bonbons.

b) Regarde _____ le travail que j'ai à faire.

c) Il range _____ sa chambre.

d) _____ l'heure sera consacrée aux devoirs.

e) _____ tes outils sont neufs.

f) _____ les vendeuses sont aimables.

g) J'aime _____ les animaux.

h) Il te faut _____ ton courage.

i) Tu exagères _____ les fois.

j) _____ la ville le saura.

6 Complète par leur, leurs.

a) Ils apportent _____ lunch.

b) _____ lunettes sont prêtes.

c) _____ cheveux sont foncés.

d) Elle _____ achète des bonbons.

e) _____ santé passe avant tout.

f) On _____ donne le droit.

g) Ils prennent _____ ustensiles.

h) C'est _____ droit.

i) _____ parents ont assisté à la réunion.

j) _____ chanson était émouvante.

Entoure les deux *leur* des phrases précédentes qui sont des pronoms.

7 Complète par quel, quels, quelle, quelles.

a) _____ choix nous reste-t-il ?

b) _____ routes faut-il emprunter ?

c) À _____ heure sera le spectacle ?

d) _____ films choisirez-vous ?

e) En _____ année ira-t-on ?

f) _____ facilité tu as !

g) Par _____ devoirs dois-je commencer ?

h) _____ chance, c'est congé !

i) _____ possibilités avons-nous ?

j) _____ beau travail !

8 Accorde les noms, adjectifs, participes passés et attributs du texte suivant.

Angela est la meilleur___ ami___ de Pascale. Elle est né___ en Amérique central___ et elle est ému___ de constater l'intérêt de Pascale pour son pays natal, le Guatemala. L'Amérique latin___ est la région situé___ entre le Mexique et la pointe de l'Argentine. Elle est couvert___ de chaîne___ de montagne___, de forêt___ tropicale___, de plaine___

Voir parents page 7

appelé___ pampas, de vallée___ luxuriant___ et de marais brumeu___.

On y trouve bien sûr de puissant___ fleuve___ , des jungle___ impénétrable___ et des terre___ nouvellement conquis___, mais aussi d'ancienne___ civilisation___ fastueu___ et des culture___ moderne___ d'une vitalité étonnant___.

Les pays latino-américain___ ont une long___ histoire. À l'origine, ils ont une culture indien___ plusieurs fois millénaire, qui a été anéanti___ par l'arrivée des Européen___ au XVIe siècle.

Les Espagnols et les Portugais leur ont fait subir alors une même domination colonial___. C'est au prix de guerre___ long___ et dur___ que ces pays ont conquis leur indépendance tant attendu___. Alors que certain___ sont très prospèr___, plusieurs sont encore sous-développé___ et leur___ population___ vivent dans une pauvreté désolant___ et des condition___ de vie misérable___.

Le plus grand pays de l'Amérique latin___ est le Brésil. La langue parlé___ est le portugais, contrairement aux autre___ qui utilisent l'espagnol et de nombreux dialectes indien___.

L'Amérique latin___ comprend l'Amérique du Sud et, plus près de nous, l'Amérique central___. C'est là que je suis né___, plus précisément au Guatemala, pays voisin du Mexique. Comme moi, la grand___ majorité des habitant___ descendent des Indien___ maya___. Ils ont su conserver leur___ différent___ langue___, leur___ coutume___ et leur folklore presque intact___.

Voir parents page 7

Aux deux premiers cycles du primaire, tu as appris que le verbe reçoit le nombre et la personne de son groupe du nom sujet.

Il, 3ᵉ p. s.   Ils, 3ᵉ p. p.

Le chat miaule. Les chats miaulent.

Tu as aussi appris à repérer le groupe sujet en l'encadrant des mots *C'est... qui* ou *Ce sont... qui*.

C'est le chat *qui* miaule. *Ce sont* les chats *qui* miaulent.

La règle n'a pas changé et tu es maintenant en mesure d'en comprendre davantage les difficultés. Il est parfois tentant de dire que le groupe sujet est placé juste avant le verbe, mais tu dois y réfléchir davantage. Il va sans dire que la mémorisation de tes tableaux de conjugaison est essentielle à l'accord du verbe avec le groupe sujet.

Exemples :

• *Groupe sujet singulier ou pluriel placé devant le verbe*

   3ᵉ p. s.

   L'écureuil **entasse** ses provisions pour l'hiver.

   3ᵉ p. p.

   Mon frère et ma sœur **sont** au cinéma.

• *Groupe sujet placé après le verbe*

   3ᵉ p. s.

   Il est certain, me **répondit** Marc-André, qu'il faudra partir tôt.

• *Groupe sujet devant un mot-écran (pronom ou groupe de mots)*

1ʳᵉ p. s.

   Je vous **donnerai** un cadeau.

Mais comment reconnaître un mauvais sujet ?

Voir parents page 8

1 Entoure les verbes conjugués des phrases suivantes et encadre leur groupe sujet. Écris ensuite la personne du verbe.

a) Nos amis souhaitent que nous les visitions cet été.

b) Justin et Chloé collectionnent les cartes de hockey que leur achètent leurs parents.

c) Mon grand-père vend les légumes que fait pousser ma grand-mère.

d) Les fleurs de ton jardin dégagent des arômes que les passants remarquent.

e) Choisis le livre que tu préfères.

f) Dans l'immeuble où vivait Maxime, il n'y avait pas d'ascenseur.

g) Tout le monde le taquinait parce qu'il aimait sa petite voisine.

h) As-tu compris la phrase que le professeur a expliquée ?

2 Récris les phrases suivantes en encadrant le groupe du nom sujet par *C'est... qui* ou *Ce sont... qui.*

a) Beaucoup d'animaux rôdent dans cette ruelle.

b) Les abeilles de cette ruche ont fourni tout ce miel.

c) Mon chalet est situé dans les Laurentides.

d) Tous les finissants du collège participaient à la fête.

e) Ces petits problèmes pourraient se régler facilement.

f) Tes numéros nous porteront chance à la loterie.

g) Les feuilles d'automne tombent et s'accumulent.

h) Les gens généreux ne cessent de penser aux autres.

Voir parents page 8

3 Encadre le groupe sujet et entoure le verbe approprié.

a) Je vous (donnerez/donnerai) des nouvelles dès que possible.

b) Nos amis nous (rapporterons/rapporteront) des souvenirs de voyage.

c) Jean-Sébastien choisit les plus belles fleurs et il les (offrent/offre) à sa mère.

d) La neige les (empêche/empêchent) de poursuivre leur route.

e) Ce clown est populaire. Les spectateurs le (trouve/trouvent) tellement drôle !

f) Andrée étudie ses textes. Elle les (imaginaient/imaginait) plus faciles à mémoriser.

g) Prêtez-moi vos livres et je vous les (redonnerai/redonnerez) la semaine prochaine.

h) Je vous (rencontrerai/rencontrerez) dans une heure.

4 Souligne le noyau du groupe sujet de chaque phrase et écris le verbe à l'indicatif présent.

a) Le troupeau de moutons (brouter) _____ dans la clairière.

b) Une meute de loups (guetter) _____ une proie innocente.

c) Toute la classe de 6ᵉ (participer) _____ au tournoi.

d) Une famille d'éléphants (protéger) _____ son territoire.

e) Ce groupe d'amis (s'amuser) _____ au parc d'attractions.

f) Une volée d'oiseaux (pépier) _____ joyeusement.

g) L'essaim d'abeilles (revenir) _____ sagement à la ruche.

h) Une bande de jeunes (organiser) _____ une fête.

i) Les joueurs de cette équipe (arriver) _____ toujours à l'heure.

Voir parents page 8

Difficile, la conjugaison ? Pas si tu connais les éléments de base. Sais-tu la différence entre l'indicatif imparfait, le conditionnel présent, l'indicatif passé simple, le subjonctif présent ou le passé composé ? Il n'y a pas de recette miracle. Pour t'y retrouver, tu dois y mettre les efforts pour comprendre et mémoriser. Voici des notions essentielles à retenir :

- L'infinitif est la forme du verbe que tu peux trouver dans le dictionnaire. Ex. : Tu peux y trouver les verbes des quatre terminaisons de l'infinitif. Ex. : aim**er**, fin**ir**, l**ire** et pouv**oir**, mais tu n'y verras pas de verbe conjugué comme tu aim**ais**, il finit, en lis**ant** ou je pour**rai**.

- Les verbes qui se terminent par **er** à l'infinitif (sauf aller) se conjuguent comme le verbe modèle aim**er**. Plusieurs verbes qui se terminent par **ir** à l'infinitif se conjuguent comme le verbe modèle fin**ir**. Ex. : finir, grandir, bâtir : fin**iss**ant, grand**iss**ant, bât**iss**ant. D'autres verbes qui se terminent par **ir** ne se conjuguent pas comme le verbe finir. Ex. : cueill**ir**, part**ir**, dorm**ir** : cueill~~issant~~ (cueillant), part~~issant~~ (partant), dorm~~issant~~ (dormant).

- Les verbes se conjuguent à des temps différents qui expriment un moment *présent*, *passé* ou *futur*.

- Les verbes conjugués à un temps *simple* s'écrivent en un seul mot. Ex. : il marche, nous comprenons. Les verbes conjugués à un temps *composé* s'écrivent en plus d'un mot. Ex. : elle a parlé, nous étions partis.

- Les verbes *avoir* et *être* sont des auxiliaires. Ils servent à former les temps composés : elle a parlé (auxiliaire avoir), nous étions partis (auxiliaire être).

- Le *participe passé* est la forme que prend le verbe à un temps composé. Ex. : elle a parlé, nous étions partis. Sans auxiliaire, le participe passé joue le rôle d'un adjectif. Il s'accorde avec le nom. Ex. : (v. monter) des pièces montées, (v. recevoir) des lettres reçues.

- Le *participe présent* exprime une action qui se produit en même temps qu'une autre. Il est invariable et se termine par *ant*. Ex. : (verbe polluer) Ces matières dangereuses se déversent dans la rivière en polluant. Le participe présent joue parfois le rôle d'un adjectif qu'on appelle adjectif verbal. Il s'accorde avec le nom. Ex. Ces matières polluantes (dangereuses) se déversent dans la rivière.

- Un verbe peut se conjuguer à trois personnes du singulier (j' ou je – tu – il, elle ou on) et à trois personnes du pluriel (nous – vous – ils ou elles).

- Le verbe comporte deux parties : le *radical* (ex. : aime) et la *terminaison*, à la fin du verbe, qui varie selon la personne (j'aim*e*, tu aim*es*, etc.).

- Le *futur proche* est toujours formé du verbe *aller*, suivi d'un verbe à l'infinitif. Il exprime un moment futur mais qui se produira bientôt. Ex. : je vais manger, tu vas dormir, elle va étudier, etc.

- Les finales de verbes conjugués sont toujours les mêmes selon la personne :

je : **ai – e – s – x**	nous : **ons** (sauf nous sommes)
tu : **s – x**	vous : **ez** (sauf vous êtes, vous dites, vous faites)
il, elle, on : **d – a – t – e**	ils, elles : **nt**

Voir parents pages 8-9

Activité 12

1 Fais un **X** sur les verbes qui ne sont pas du même type que le verbe modèle *finir*.

a) partir   d) courir   g) mentir

b) noircir   e) pâlir   h) choisir

c) obéir   f) bâtir   i) mourir

2 Ajoute la terminaison de l'indicatif présent qui convient et écris l'infinitif du verbe conjugué.

a) Le chasseur attein_____ la cible.   (_____)

b) Je te rejoin_____ dès que possible.   (_____)

c) Josée offr_____ un bouquet à sa mère.   (_____)

d) Ils construis_____ un édifice de plusieurs étages. (_____)

e) Je connai_____ le professeur de français.   (_____)

3 Entoure séparément le radical et la terminaison de chaque verbe.

a) Vous rangiez votre chambre.

b) Ton professeur t'accompagnera au concert.

c) Elle chante dans une chorale.

d) L'étudiant terminait ses devoirs.

e) Dors-tu?

f) Nous vendons notre collection de timbres.

g) Ils se lanceraient de la neige.

h) Mes amis joueront au tennis.

4 Récris chaque phrase à la personne correspondante du singulier et inscris le verbe à l'infinitif.

a) Marchez sur le trottoir.

_____ (_____)

b) Les oiseaux s'envolent rapidement.

_____ (_____)

c) Nous avons réfléchi à cette situation.

_____ (_____)

d) Elles choisissent le même film.

_____ (_____)

Voir parents pages 8-9

e) Vous surgirez à l'improviste.

_____ (_____)

f) Nous fermions la porte à clef.

_____ (_____)

5 Écris les verbes suivants au passé simple de l'indicatif.

a) Les deux chats (courir) _____ dans le couloir.

b) Il te (rendre) _____ ton crayon.

c) Jasmine (offrir) _____ un bouquet à sa mère.

d) Il (dresser) _____ la table.

e) Cette nuit-là, ils ne (dormir) _____ que d'un œil.

6 Relie chaque forme verbale aux temps et aux modes qui lui conviennent.

a) Tiens

b) Il viendra

c) Il a pris

d) Elle croyait

e) Mangeant

f) Crois-tu ?

g) Qu'il ajoute

h) Il pensa

i) Manger

j) Je voudrais

k) Surpris

1. Indicatif imparfait

2. Indicatif passé simple

3. Subjonctif présent

4. Impératif présent

5. Indicatif présent

6. Conditionnel présent

7. Infinitif présent

8. Indicatif passé composé

9. Participe passé

10. Indicatif futur simple

11. Participe présent

Voir parents pages 8-9

7 Écris les verbes selon le mode et le temps demandés.

Une journée chanceuse

Alors qu'aujourd'hui, je m'_____ d'abord à passer une
(attendre, ind. imparfait)
journée pire qu'hier, j'_____ la surprise, en sortant dehors, de
(avoir, ind. passé comp.)
trouver un billet de cinq dollars sur le trottoir. C'_____ autant
(être, ind. imparfait)
de gagné.

Mais alors que je le _____ j'_____ parmi les
(ramasser, ind. imparfait) (sentir, ind. passé comp.)
feuilles quelque chose qui _____.
(bouger, ind. imparfait)

Hummm... Quand j'_____ dans l'arbre, j'_____
(regarder, ind. passé comp.) (voir, ind. passé comp.)
que rien dedans ne _____ avoir bougé... mais je
(pouvoir, ind. imparfait)
m'_____ bientôt que cela _____ toujours !
(apercevoir, ind. passé simple) (bouger, ind. imparfait)
Et même davantage que tout à l'heure...

C'_____ alors qu'un grand sac noir _____
(être, ind. prés.) (tomber, ind. passé comp.)
de l'arbre juste devant moi ! Je l'_____ pour regarder dedans.
(ouvrir, ind. passé comp.)
C'_____ une montagne de billets de cinq dollars !
(être, ind. imparfait)

J'_____ longtemps, puis je
(hésiter, ind. passé comp.)
_____ remettre le sac à la police.
(aller, ind. passé comp.)
Les policiers m'_____ qu'on
(dire, ind. passé comp.)
_____ une récompense pour tout
(offrir, ind. imparfait)
renseignement pouvant mener à la découverte
du sac volé. Alors, _____ la
(imaginer, imp. prés.)
récompense pour le sac lui-même, avec
tout l'argent dedans !

Un policier _____ de téléphoner :
(venir, ind. prés.)
maintenant, je _____ que je _____
(savoir, ind. prés.) (recevoir, ind. futur simple)
cent dollars de récompense.

Voir parents pages 8-9

8 Recherche des verbes au temps et au mode indiqués dans une revue, un journal, une bande dessinée, un roman ou autre, et remplis le tableau suivant.

Mode et temps	Verbe trouvé	Son infinitif	Sa personne	Son groupe sujet
Indicatif présent				
Indicatif imparfait				
Indicatif futur simple				
Indicatif passé simple				
Conditionnel présent				
Participe passé				
Impératif présent				
Subjonctif présent				
Participe présent				
Indicatif passé composé				
Futur proche				

Voir parents pages 8-9

Le participe passé est formé à partir d'un verbe. On peut le trouver seul, c'est-à-dire sans auxiliaire, ou dans les temps de verbes composés, accompagné de l'auxiliaire être ou avoir. Comment le faire accorder?

* <u>Employé</u> **seul**, il s'accorde comme un adjectif, en genre et en nombre avec le nom.

  fém. sing.   *fém. plur.*   *masc. plur.*

  La vitre bris**ée**, des portes ferm**ées**, des étudiants disciplin**és**.

* <u>Employé avec l'auxiliaire</u> **être**, il s'accorde avec le sujet du verbe.

  fém. sing.   *fém. plur.*   *masc. plur.*

  La vitre est bris**ée**. Les portes étaient ferm**ées**. Les étudiants seront part**is**.

ENRICHISSEMENT

* <u>Employé avec l'auxiliaire</u> **avoir**, le participe passé s'accorde s'il a un complément direct placé avant lui.

  Dans tous les autres cas, il reste invariable.

  invariable   *fém. sing.*

  Luc a compri**s** cette leçon. Cette leçon que Luc a compri**se**.

  invariable   *fém. plur.*

  Nous aurions mang**é** ces fraises. Ces fraises que nous aurions mang**ées**.

  Tu te rappelles comment trouver un complément direct? En posant la question *qui?* ou *quoi?*

  quoi?

  Je mange une pomme. Je mange <u>quoi</u>? Une pomme. Le groupe du nom *une pomme* est un complément direct.

  quoi?

  J'ai perdu une mitaine. J'ai perdu <u>quoi</u>? Une mitaine. Le groupe du nom *une mitaine* est un complément direct.

  qui?

  Il aide son voisin. Il aide <u>qui</u>? Son voisin. Le groupe du nom *son voisin* est complément direct.

---

1 Trouve le participe passé des verbes suivants.

subir _____, comprendre _____, faire _____,

attendre _____, naître _____, avoir _____,

courir _____, recevoir _____, pouvoir _____,

peindre _____, rire _____, lire _____,

écrire _____, mourir _____, atteindre _____,

vaincre _____, apercevoir _____.

Voir parents page 9

2 Accorde les participes passés suivants.

Hélène est parti____. Le chat énervé____. Les pièces monté____. Les oreilles gelé____. Les fruits avarié____. Colette a couru____. Les étudiants sont revenu____. Les étudiantes ont participé____. Mon ami est fatigué____. Sa fièvre est tombé____.

3 Complète les verbes avec é, ée, és, ées, er.

a) J'ai bien aim____ cherch____ les indices de cette énigme.

b) Ces chansons oubli____ avaient été compos____ par un musicien allemand.

c) J'ai pens____ que tu avais trich____ pour gagn____ cette partie.

d) Elle a retrouv____ son gilet déchir____ sur les marches us____.

e) Le chef vient de prépar____ un gâteau bien décor____.

f) Les champignons lav____ seront ajout____ à la sauce pour en rehauss____ le goût.

g) J'aime pens____ aux vacances pass____.

4 Entoure tous les participes passés des phrases suivantes. En bleu s'ils sont accompagnés de l'auxiliaire avoir, en rouge s'ils sont accompagnés de l'auxiliaire être et en vert s'ils sont seuls. Complète-les ensuite par la terminaison appropriée.

a) La voiture de course a démarré____ en trombe et a foncé____ à toute allure sur la piste.

b) Apeuré____, ta sœur est venu____ me voir immédiatement.

c) Les camionneurs pressé____ ont fai____ le trajet en moins de quatre heures.

d) Les parents essoufflé____ ont couru____ jusqu'au seuil de la porte et se sont arrêté____.

e) J'ai retrouvé____ les livres que je croyais perdu____ mais que j'avais oublié____ ici la semaine dernière.

f) Charlotte, où es-tu allé____ depuis que je t'ai demandé____ de m'aider?

g) Tu as vu____ mes souvenirs? Je les ai rapport____ de mon dernier voyage.

h) Sophie fut mordu____ par une chienne enragé____.

Voir parents page 9

5 Selon le sens, certains participes s'emploient avec l'auxiliaire être ou avoir. D'autres, par contre, ne s'emploient qu'avec l'un ou avec l'autre. Entoure le bon auxiliaire pour chacun des verbes des phrases suivantes.

a) Vous (aviez) (étiez) pris au piège.

b) Les enfants (ont) (sont) revenus de la patinoire et ils (ont) (sont) pris un chocolat chaud.

c) Les candidats (seraient) (auraient) choisis pour leur seul esprit d'initiative.

d) Ma sœur (est) (a) allée au carnaval de Québec.

e) Pour une fois, Solange (est) (a) partie à l'heure.

Comme dans toute structure, les mots d'une phrase ne sont pas tous semblables. Ils appartiennent à des groupes variés et ont des rôles différents à jouer. Quand on observe un mot attentivement, on peut trouver deux principaux renseignements :

- sa <u>classe</u> (ce qu'il est, son genre et son nombre s'il y a lieu) ;

- sa <u>fonction</u> (ce qu'il fait, c'est-à-dire le rôle qu'il joue dans la phrase et dans le groupe de mots auquel il appartient).

Observe l'exemple qui suit.

Je *téléphone* à Jonathan. Mon *téléphone* est blanc.

Dans les deux phrases, le mot téléphone s'écrit de la même manière mais ils sont de classe différente (un verbe et un nom) et ne jouent pas le même rôle.

1 Classe chaque mot des phrases suivantes dans la colonne appropriée.

a) Marco a fini son court devoir de français et il l'a fait corriger par sa mère.

b) Le numéro de cet artiste est époustouflant.

c) J'aime beaucoup marcher dans la nature.

Nom	Adjectif	Déterminant	Pronom	Verbe	Mot invariable

2 Écris le groupe sujet des verbes conjugués que tu as trouvés au numéro 1.

_____

_____

_____

Voir parents page 9

3 Classe les mots soulignés en 2 colonnes.

Josée <u>travaille</u> bien. Le <u>travail</u> ne tue pas. Écoute les <u>rires</u> du bébé. Qui n'aime pas <u>rire</u>? Je veux <u>pouvoir</u> t'aider. Il nous accorde tous les <u>pouvoirs</u>. Ces <u>fermes</u> laitières sont très spacieuses. <u>Ferme</u> cette porte. Les bourgeons sont aussi appelés <u>pousses</u>. Cette tige <u>pousse</u> rapidement. Ta <u>visite</u> me fait plaisir. Tu <u>visites</u> tes grands-parents cet été? Tu veux <u>goûter</u> à mes caramels? J'aime les <u>goûters</u> qu'on prépare rapidement. Il <u>porte</u> un drôle de chapeau. Elle fabrique des <u>portes</u>.

Verbes	Noms

4 Trouve tous les pronoms des phrases précédentes.

_____

_____

5 Trouve les réponses aux questions suivantes dans les phrases du numéro 3.

a) Quelle est la fonction du groupe du nom *mes caramels* dans la phrase?

b) Quel rôle joue le groupe du nom *Les bourgeons* dans la phrase?

c) Quelle est la classe du mot *Josée*?

d) Trouve un adjectif qui joue le rôle d'un attribut du sujet.

e) À quelle classe de mots appartient le mot *cette*?

f) Pourquoi le mot *cette* ne s'écrit-il pas cet?

g) Quel rôle joue le groupe du nom *les goûters* dans la phrase?

h) À quelle classe de mots appartient le mot *rapidement*?

Voir parents page 9

Durant 30 secondes ou moins, observe rapidement et attentivement les indices du texte suivant (titre, intertitres, illustrations, la première phrase de chaque paragraphe, la dernière phrase, etc.) et réponds à ces questions avant d'en commencer la lecture complète.

1. Le texte traite de : _____

2. L'illustration représente : _____

3. Ce que tu apprendras de nouveau : _____

L'hiver des animaux*

1. Les voyageurs

«Il fait trop froid ici? Allons voir en Afrique.»

«Plus d'insectes à manger? Il est grand temps de s'envoler.»

Après avoir beaucoup mangé pour prendre des forces, les oiseaux migrateurs s'élancent pour le grand voyage.

Dès la mi-août, les cigognes sont les premières à se décider. Tu lèves le nez et tu vois passer leurs grands battements d'ailes. Un peu plus tard, les hirondelles se rassemblent sur les fils électriques.

La migration est un véritable tour de force. Des milliers de kilomètres à parcourir en se reposant très peu, parfois, pas du tout.

Le martinet sait planer en dormant.

La plupart ne dorment jamais et vivent sur leur réserve de graisse.

Certains volent la nuit en se fiant aux étoiles.

D'autres volent le jour en se fiant au soleil.

Beaucoup choisissent de voler au-dessus des étendues de terre plutôt que de s'aventurer au-dessus des grandes étendues de mer.

Ceux qui partent? Les canards sauvages, les hirondelles, les martinets, les hérons, les cigognes, mais aussi certaines chauves-souris et des papillons.

Voir parents page 10

2. Les dormeurs

Le vent glacé de l'hiver siffle-t-il sur la neige ? Le loir et la marmotte s'en moquent ! Chaudement pelotonnés au creux de leur nid, ils hibernent, comme plusieurs animaux peu armés pour survivre à l'hiver.

Les ours, les lézards, les serpents, les insectes passent, eux aussi, la mauvaise saison à dormir, mais plus ou moins profondément.

Dès l'automne, on se prépare : la marmotte mange tant que son ventre traîne à terre ; l'écureuil fait des provisions si bien cachées qu'il ne les retrouve pas toujours.

Lorsqu'on est bien gras et que le garde-manger est plein, on se réunit par petits groupes, dans un terrier, et on s'endort. Pendant l'hibernation, qui dure parfois de six à sept mois, le cœur ralentit ses battements, le corps se refroidit et les animaux vivent sur leurs réserves de graisse.

Certains sortent de leur sommeil, de temps en temps, lorsqu'il fait plus doux, pour manger un peu. Ce sont les animaux qui dorment plus ou moins profondément. Mais ils reviennent vite se rouler en boule jusqu'au printemps.

3. Les débrouillards

Une, deux, trois petites traces de pattes sur la neige... Les temps sont durs ! Trotter à la recherche de nourriture, manger et ne pas être mangé !

Pour se camoufler sur la neige, et pour échapper à l'œil perçant du faucon ou du renard, l'hermine et le lagopède changent de couleur. Bruns l'été, ils adoptent le blanc l'hiver.

Problème de chauffage ? Non ! Le renard gonfle sa fourrure qui devient plus épaisse pour l'hiver. Ainsi, l'air chaud reste entre les poils et protège l'animal du grand froid pendant les longues promenades qu'il doit faire pour chercher sa nourriture.

Le débrouillard des débrouillards, c'est le moineau ! Oiseau-clochard, il vit dans les caniveaux, les recoins de porte. Pour se chauffer, il gonfle ses plumes jusqu'à se transformer en une vraie petite boule. Chez lui, il fait 42 °C tout l'hiver ! Et pour manger ? Il change de régime et s'adapte. Insectivore l'été, il devient granivore l'hiver..., et il serait bien content que tu lui mettes, sur la fenêtre, un petit pot de graisse, de graines et de miettes de pain.

*Source : Évaluation de l'habileté à lire de 6ᵉ année, *L'hiver des animaux*, publié par les commissions scolaires Saint-Hyacinthe et Jacques-Cartier.

Voir parents page 10

1 Complète le tableau suivant.

Les voyageurs
a) Leurs noms :

   – _____   – _____   – _____

   – _____   – _____   – _____

   – _____

b) Les raisons qui les amènent à partir :

   – _____

   – _____

c) Leurs points de repère pour voyager :

   – _____

   – _____

Les dormeurs
d) Leurs noms :

   – _____   – _____   – _____

   – _____   – _____   – _____

   – _____

e) Deux moyens, pour les dormeurs, de se faire des réserves :

   – _____

   – _____

f) L'hibernation :

   lieu : _____   durée : _____

g) Les phénomènes physiques qui permettent la survie des dormeurs :

   – _____

   – _____

   – _____

Les débrouillards
h) Leurs noms :

   – _____   – _____

   – _____   – _____

i) Leurs deux soucis quotidiens :

   – _____

   – _____

Voir parents page 10

j) Des moyens originaux pour survivre :

1er moyen : _____

2e moyen : _____

3e moyen : _____

4e moyen : _____

Qui recourt au 1er moyen : _____   _____,

au 2e moyen : _____   au 3e moyen : _____,

au 4e moyen : _____

2

Vrai ou faux ?	Explication donnée dans le texte :
a) Le départ des animaux voyageurs commence à l'automne.　　V　F	
b) Tous les animaux voyageurs profitent de l'obscurité pour voler vers des pays plus chauds.　　V　F	
c) Il est possible qu'un oiseau continue de voyager tout en se reposant.　　V　F	
d) Les animaux qui hibernent pourraient passer tout l'hiver dans la nature : ils sont tout simplement capricieux.　　V　F	
e) C'est aussi par caprice que certains animaux changent de couleur l'hiver.　　V　F	
f) Il arrive que les dormeurs pointent leur nez dehors durant l'hiver.　　V　F	
g) C'est pour laisser peu de place aux autres débrouillards que le renard gonfle sa fourrure l'hiver.　　V　F	

Voir parents page 10

3 À quelle catégorie appartiennent les animaux de chaque phrase suivante ? Il peut y avoir plus d'une réponse.

	Voyageurs	Dormeurs	Débrouillards
a) Ils ne peuvent pas passer l'hiver au Québec parce que le froid les ferait mourir.			
b) Ils restent au Québec et trouvent des solutions à leurs problèmes.			
c) Ils tirent profit d'un beau ciel étoilé pour se déplacer.			
d) Leur fourrure s'épaissit durant l'hiver.			
e) Ils recherchent un logis au Québec.			
f) Ils emmagasinent des aliments.			
g) Ils sont prêts à changer leur menu habituel durant l'hiver.			
h) Ils n'ont pas peur d'un cœur lent.			
i) Ils parcourent de très grandes distances.			
j) Ils se rassemblent par groupes.			

Voir parents page 10

Les reptiles

Pour certains, les reptiles sont horribles et repoussants. *Toutefois*, l'observation du monde des reptiles est fascinante parce qu'<u>elle</u> nous amène à faire des découvertes aussi étonnantes qu'enrichissantes.

Les animaux qu'on appelle reptiles se divisent en quatre grands groupes: les lézards, les serpents, les crocodiles et les tortues. Il existe actuellement environ 6000 espèces différentes de reptiles. Les plus grands sont les crocodiles. <u>Ils</u> peuvent atteindre 10 mètres de longueur. Le plus petit est un lézard moins long que le pouce d'un humain. Il y a de grandes différences entre les divers reptiles, mais ils sont génétiquement similaires aux premiers reptiles vivant il y a environ 300 millions d'années.

Les premières espèces comprenaient notamment les énormes dinosaures et d'autres reptiles aquatiques ou volants. Il y a très longtemps, des poissons d'eau douce qui marchaient sur leurs robustes nageoires donnèrent naissance à des animaux amphibiens rampants. On appelle amphibiens les animaux capables de vivre à la fois sur terre et dans l'eau.

Voir parents page 10

Cependant, les reptiles actuels diffèrent des amphibiens sur divers points. *Premièrement*, les reptiles ont la peau sèche et couverte d'écailles, tandis que celle des amphibiens doit rester humide pour qu'<u>ils</u> puissent respirer. *Également*, contrairement aux amphibiens, les reptiles peuvent pondre leurs œufs sur la terre ferme. Ne dépendant pas de l'eau comme les amphibiens, <u>ils</u> ont pu s'éloigner des cours d'eau et des lacs, et vivre même dans la sécheresse des déserts. <u>Ils</u> furent les premiers vertébrés demeurant toute leur vie sur la terre ferme, mais de nombreux reptiles comme les crocodiles et la tortue retournèrent vers l'eau et s'y réadaptèrent.

Les reptiles sont ovipares, c'est-à-dire qu'ils se reproduisent en pondant des œufs. La portée comporte souvent une quantité importante

« Il n'est pas bien, celui-là ! »

« Maman ! »

TOC TOC

d'œufs. *Ainsi*, les tortues pondent jusqu'à 250 œufs à la fois. La plupart des reptiles pondent leurs œufs en été, dans le sol ou sous les pierres. *Aussitôt* après, <u>ils</u> <u>les</u> abandonnent. *Néanmoins*, quelques reptiles veillent sur leurs œufs et leurs petits. Le python femelle, par exemple, se love sur ses œufs et contracte ses muscles afin de les réchauffer et d'en accélérer l'éclosion. *De même*, le crocodile construit et garde un nid fait de feuilles molles et en décomposition. Après la naissance, la mère saisit délicatement ses jeunes dans sa gueule pour les porter dans l'eau toute proche. *Puis*, <u>elle</u> <u>les</u> surveille pendant plusieurs semaines.

Voir parents page 10

Tous ces renseignements ne te donnent-ils pas le goût d'en connaître davantage sur le mode de vie des reptiles ? La prochaine fois que tu iras à la bibliothèque, songe à prendre un livre sur ces animaux. Tu peux aussi proposer à tes parents ou à tes amis de faire une visite au Biodôme de Montréal. Des employés compétents se feront un plaisir de répondre à tes questions.

1 Écris, au-dessus de chaque pronom souligné, le nom qu'il remplace.

2 Remplace les mots ci-dessous par un mot ou un groupe de mots ayant le même sens. Relis bien les phrases où ils se trouvent.

Toutefois : _____   Également : _____

Néanmoins : _____   Cependant : _____

Ainsi : _____   De même : _____

Premièrement : _____   Aussitôt : _____

Puis : _____

3 Essaie d'abord de répondre aux questions suivantes sans regarder le texte. Complète ensuite les informations manquantes en relisant le tout attentivement.

a) Quels sont les quatre groupes de reptiles ? _____

_____

b) Depuis combien d'années retrouve-t-on des reptiles sur terre ?

_____

c) Nomme deux différences entre le reptile et l'amphibien. _____

_____

d) Quels sont les reptiles qui se sont réadaptés à l'eau ? _____

_____

e) Que signifie *ovipare* ? _____

f) Combien d'œufs une tortue peut-elle pondre à la fois ? _____

Voir parents page 10

Ton professeur t'a demandé de faire une recherche sur une personnalité célèbre. À la bibliothèque de l'école, tu as trouvé de courts textes de la vie et de la carrière de trois d'entre elles. Tu dois lire les résumés avant de faire ton choix.

Une invention révolutionnaire

Joseph-Armand Bombardier est né au Québec dans la ville de Valcourt en 1907. Très tôt, il manifeste des dons exceptionnels pour la mécanique. Il passe son enfance à inventer des petites machines. Lorsqu'il démonte des moteurs, il en découvre immédiatement le fonctionnement et comprend l'utilité de chaque pièce. Dans les premières années de son adolescence, il invente un engin motorisé. Il a installé des skis en avant et une hélice en arrière. Aujourd'hui, cet engin nous paraîtrait <u>archaïque</u>, mais l'ancêtre de la motoneige venait de voir le jour. Ce jeune homme ingénieux vient travailler à Montréal. Il est toujours obsédé par l'idée d'inventer un véhicule motorisé se déplaçant sur la neige. Au fil des années, il met au point et perfectionne son invention que nous connaissons aujourd'hui sous le nom de motoneige. Grâce à son <u>ingéniosité</u>, il a réussi à sortir de leur isolement des communautés de régions éloignées comme les Inuits, par exemple, qui ne pouvaient se déplacer durant le long hiver. En plus du rôle économique important qu'elle a joué chez nous, l'entreprise *Bombardier* est aujourd'hui reconnue à travers le monde.

Voir parents pages 10-11

Comprendre l'Univers

Qui n'a jamais entendu le nom du savant Albert Einstein ? Connu mondialement grâce à ses recherches et théories, il a totalement <u>chamboulé</u> le monde de la science. Dès qu'on se rend compte du développement rapide de l'intelligence d'un jeune enfant, on le compare immédiatement à Einstein. Pourtant, notre savant n'était pas un élève brillant. Albert est né à Ulm, dans le sud de l'Allemagne, en 1879. Dans la vingtaine, il suivit des cours de physique qui lui permirent d'entrer à l'Institut fédéral suisse de technologie. Il y fit de nombreuses expériences en plus d'étudier les travaux de grands physiciens comme Isaac Newton. L'étude des molécules et ses calculs mathématiques constituèrent un grand pas en avant pour la science. Des savants adhérèrent à sa théorie et démontrèrent <u>indéniablement</u> que les calculs d'Einstein prouvaient l'existence des atomes. En 1905, il étudia la transformation de l'énergie de la lumière en énergie électrique. Il publia aussi cette année-là sa célèbre *Théorie de la relativité restreinte*. Dès sa parution, il devint célèbre dans le monde scientifique. En 1921, Einstein reçut le prix Nobel de physique pour ses travaux sur l'effet photoélectrique. Quand il mourut en 1955 aux États-Unis, le monde comprit qu'il venait de perdre l'un des plus grands savants de tous les temps.

Voir parents pages 10-11

Un médecin dans l'espace

Roberta Lynn Bondar est née en Ontario, à Sault-Sainte-Marie, le 4 décembre 1945. La science a toujours exercé un attrait sur elle et ce, aussi loin qu'elle se souvienne. En plus d'être très sportive, elle adore faire des expériences avec des éprouvettes dans le petit laboratoire que son père lui a aménagé dans le soussol familial. Ses études se poursuivent dans de nombreuses uni-

versités. Elle obtient son doctorat en neurologie grâce à une thèse qui traite de l'effet de la température de l'eau sur le cerveau des poissons rouges. Elle étudie ensuite pour obtenir son diplôme de médecin. À l'âge de 31 ans elle est déjà scientifique et médecin. Elle pratique la médecine à Toronto et publie des articles sur ses nombreuses recherches scientifiques. Un seul projet manque à ses rêves. Ira-t-elle un jour dans l'espace? En 1983, Roberta Bondar est acceptée pour faire partie du Programme des astronautes canadiens. Elle acquiert une solide réputation, car ses recherches aident les scientifiques à comprendre certains des changements que subissent les astronautes dans l'espace. Finalement, le 22 janvier 1992, elle vivra le plus grand moment de sa vie et s'envolera dans l'espace à bord de la navette *Discovery*.

1 Sur quelle personnalité se porterait ton choix? _____

Pourquoi? _____

2 Sans te fier à leur longueur, quel texte compte le plus de phrases?

_____

3 Souligne d'une couleur de ton choix les verbes des phrases suivantes. Entoure ensuite d'une couleur différente le groupe sujet de chacun des verbes.

a) Lorsqu'il démonte des moteurs, il en découvre immédiatement le fonctionnement et comprend l'utilité de chaque pièce.

b) Dans les premières années de son adolescence, il invente un engin motorisé.

c) Ce jeune homme ingénieux vient travailler à Montréal.

Voir parents pages 10-11

d) En plus du rôle économique important qu'elle a joué chez nous, l'entreprise *Bombardier* est aujourd'hui reconnue à travers le monde.

e) La science a toujours exercé un attrait sur elle et ce, aussi loin qu'elle se souvienne.

f) Elle obtient son doctorat en neurologie grâce à une thèse qui traite de l'effet de la température de l'eau sur le cerveau des poissons rouges.

g) Il y fit de nombreuses expériences en plus d'étudier les travaux de grands physiciens comme Isaac Newton.

h) Quand il mourut en 1955 aux États-Unis, le monde comprit qu'il venait de perdre l'un des plus grands savants de tous les temps.

4 Parmi les phrases précédentes, trouve celle dont on ne peut déplacer aucun constituant.

_____

5 Choisis deux des phrases du numéro 3 et récris-les en déplaçant les constituants.

_____

_____

6 Récris les phrases suivantes en déplaçant les mots soulignés.

a) Joseph-Armand Bombardier est né <u>au Québec</u> dans la ville de Valcourt <u>en 1907</u>.

_____

b) <u>Très tôt</u>, il manifeste des dons exceptionnels pour la mécanique.

_____

c) <u>Grâce à son ingéniosité</u>, il a réussi à sortir de leur isolement des communautés de régions éloignées comme les Inuits, par exemple, qui ne pouvaient se déplacer <u>durant le long hiver</u>.

_____

d) Finalement, <u>le 22 janvier 1992</u>, elle vivra le plus grand moment de sa vie et s'envolera dans l'espace à bord de la navette *Discovery*.

_____

_____

Voir parents pages 10-11

e) <u>Pourtant</u>, notre savant n'était pas un élève brillant.

_____

f) Quand il mourut <u>en 1955</u> aux États-Unis, <u>le monde comprit</u> qu'il venait de perdre l'un des plus grands savants de tous les temps.

_____

_____

7 Remplace le mot souligné par un synonyme.

a) Il est <u>toujours</u> (_____) obsédé par l'idée d'inventer un véhicule motorisé se déplaçant sur la neige.

b) Grâce à son ingéniosité, il a réussi à sortir de leur isolement des communautés de régions éloignées <u>comme</u> (_____) les Inuits, par exemple, qui ne pouvaient se déplacer <u>durant</u> (_____) le long hiver.

c) Elle adore <u>aussi</u> (_____) faire des expériences avec des éprouvettes dans le petit laboratoire que son père lui a aménagé dans le sous-sol familial.

d) Elle acquiert une solide réputation <u>car</u> (_____) ses recherches aident les scientifiques à comprendre certains des changements que subissent les astronautes dans l'espace.

e) Connu mondialement <u>grâce à</u> (_____) ses recherches et théories, il a <u>totalement</u> (_____) chamboulé le monde de la science.

8 En te servant du contexte, trouve la définition des mots suivants.

a) archaïque : _____

b) ingéniosité : _____

c) acquiert : _____

d) chamboulé : _____

e) indéniablement : _____

Voir parents pages 10-11

Un tour de magie, c'est impressionnant! À condition, toutefois, de bien respecter la marche à suivre et de se pratiquer à quelques reprises. Nous te proposons de tenter le tour de magie ci-dessous. Gabriel l'a tenté, mais il a échoué. Lis la marche à suivre et ce que Gabriel a fait. Tu devras ensuite trouver pourquoi son numéro n'a pas réussi, en identifiant ses erreurs et ses oublis.

Matériel

1. Une pièce de monnaie de 5 ¢ ou de 25 ¢.

2. Un chapeau.

3. 5 papiers de même couleur, d'environ 10 cm carrés.

4. Un crayon-feutre.

Marche à suivre

1. Avant ton spectacle, découpe tes papiers et inscris un numéro de 1 à 5 sur chacun.

2. Commence ton numéro en demandant aux spectateurs de choisir un papier et de retenir le numéro. Chiffonne chaque papier en boule en montrant bien que le numéro est caché à l'intérieur. Mets les boulettes dans le chapeau et annonce que, grâce à ton pouvoir de concentration, tu vas retrouver le papier choisi et ce, les yeux bandés!

3. Fais-toi bander les yeux par un spectateur et retire une première boulette du chapeau. Passe-la sur ton front lentement, en ayant l'air de te concentrer très fort. Si ce n'est pas la bonne boulette, remets-la dans le chapeau. Retires-en une autre et passe-la également sur ton front.

4. Procède ainsi jusqu'à ce que tu aies retrouvé le papier choisi. Déplie-le lentement et montre son numéro à l'assistance.

Voir parents page 11

Truc

1. Avant de commencer ton numéro, pose la pièce de monnaie entre le chapeau et toi, comme sur le dessin.

2. Pendant que le public choisit le papier, prends discrètement la pièce de monnaie derrière le chapeau et garde-la dans ta main sans trop serrer.

3. Le public t'annonce qu'il a choisi, par exemple, le papier numéro 3. Mets d'abord en boule les papiers qui portent les numéros 1 et 2, en faisant semblant d'utiliser tes deux mains. Puis, prends le papier qui porte le numéro 3, pose-le sur la pièce de monnaie qui est déjà dans ta main entrouverte et froisse-le avec ton autre main. Mets-le dans le chapeau avec les autres et froisse les papiers qui restent.

4. Quand tu prends chaque boulette pour la passer sur ton front, tu sens immédiatement laquelle est plus lourde que les autres. Dès que tu la reconnais, passe-la d'abord sur ton front comme les autres, tout en gardant les yeux bandés pour ne pas éveiller les soupçons des spectateurs. Annonce ensuite que tu as retrouvé le papier choisi.

5. Ramène la boulette au-dessus du chapeau et ouvre-la en la couvrant d'une main pour y laisser tomber la pièce de monnaie sans être vu. Déplie complètement le papier et montre-le aux spectateurs.

Voir parents page 11

Le spectacle de magie de Gabriel

a) Comme Gabriel n'avait pas de 5 ¢ ou de 25 ¢, il a utilisé une pièce de un dollar (un huard).

b) Il a d'abord découpé des papiers de couleur identique, d'environ 8 cm carrés.

c) Il a ensuite inscrit un numéro de 1 à 5 sur chaque papier.

d) Avant de débuter son numéro, Gabriel a caché le huard dans la poche de son pantalon.

e) Il a commencé en demandant aux spectateurs de choisir un papier et de retenir le numéro.

f) Pendant que le public choisissait le papier, il a caché discrètement la pièce de monnaie dans sa main.

g) Comme le public avait choisi le numéro 4, Gabriel a mis en boule les numéros 1, 2, 3 et 5 en faisant semblant d'utiliser ses deux mains.

h) Il a chiffonné chaque papier en boule en prenant bien soin de ne pas montrer que le numéro était caché à l'intérieur.

i) Rendu au numéro 4, il l'a posé sur le huard caché dans sa main entrouverte et l'a froissé avec son autre main.

j) Gabriel a mis les boulettes dans le chapeau et a annoncé qu'il allait retrouver le papier choisi et ce, les mains dans le dos !

k) Il a demandé à un spectateur de lui bander les yeux et il a retiré une première boulette du chapeau.

l) Il a passé la boulette lentement sur sa joue, en ayant l'air de se concentrer très fort.

m) Gabriel a procédé ainsi jusqu'à ce qu'il ait trouvé le bon papier.

n) Il l'a alors déplié lentement devant les spectateurs, mais il a échappé le dollar par terre.

Les spectateurs se sont gentiment mis à rire et ont dit à Gabriel qu'il aurait intérêt à se pratiquer davantage ou alors, à changer de carrière !

1 Souligne maintenant, parmi les phrases a) à n), les erreurs que Gabriel a commises.

Voir parents page 11

2 Pauvre Geoffroy ! Il a de la difficulté à s'en tenir à l'essentiel. Il s'égare facilement en composant un problème mathématique. Son enseignante lui a demandé d'en composer un, mais les autres élèves de sa classe n'y comprennent rien. Aide-le à récrire son problème en éliminant les données superflues. Quand tu auras terminé, effectue le problème et demande ensuite à quelqu'un de le résoudre.

En 1985, les employés du gouvernement ont planté 100 rangées de 1260 arbres dans la région de la Gaspésie. Il y avait 40 rangées de sapins, 34 rangées de pins et 26 rangées d'épinettes. Dans la région de la Mauricie, ils ont planté 200 rangées de 800 arbres. En 1986, ils en ont planté 150 000 dans chacune de ces régions. En 1987, ils ont abattu 250 000 arbres lors d'une coupe à blanc. En quelle année le gouvernement a-t-il le plus contribué au reboisement de nos forêts ?

_____

_____

_____

_____

_____

_____

_____

Réponse : En _____

Voir parents page 11

1 De nombreux auteurs ont écrit pour les enfants et les adolescents à travers les siècles. Relie, à l'aide d'une flèche, l'écrivain au titre du livre qu'il a écrit.

1. Mystère de Chine

2. Le petit prince

3. Les malheurs de Sophie

4. Robinson Crusoé

5. Astérix le Gaulois

6. Dix petits nègres

7. Cendrillon

8. Sherlock Holmes

9. La petite sirène

10. La belle et la bête

11. Don Quichotte

12. Hänsel et Gretel

13. De la Terre à la Lune

14. Oliver Twist

15. Les aventures de Tintin

16. Les petits princes ne sont pas tous charmants

a) Agatha Christie

b) Jeanne Leprince de Beaumont

c) Chrystine Brouillet

d) Sylvie Desrosiers

e) Arthur Conan Doyle

f) Charles Dickens

g) René Goscinny

h) Antoine de Saint-Exupéry

i) Charles Perrault

j) Miguel de Cervantes

k) Jules Verne

l) Hergé

m) Daniel Defoe

n) Hans Christian Andersen

o) Comtesse de Ségur

p) Les frères Grimm

Voir parents page 11

2 Rare et originale, la lettre « k » ? Elle est très utile pour faire gagner des points au scrabble.

Voici 10 définitions de mots contenant tous la lettre *k*. Tu as à ta disposition une banque de lettres que tu dois toutes utiliser pour reconstituer les mots.

A	A	A	A	B	C	C	C	E	E	E	E	E	H	I	I	I	I	I	I	J	L
M	N	O	O	O	O	O	O	O	P	R	R	S	S	S	T	T	U	W	Y	Y	

a) Beaucoup de gens préfèrent en avoir moins que plus.

K _ _ _ _

b) Un sport qu'on pratique en pyjama blanc.

K _ _ _ _ _

c) C'est ovale et ça a des poils, mais ce n'est pas un animal.

K _ _ _

d) Les femmes japonaises lui sont fidèles.

K _ _ _ _ _

e) Il dévale les pentes enneigées, mais il passe plus de temps à attendre le remonte-pente.

_ K _ _ _ _

f) Un sport de rondelle qui devient parfois un sport de combat.

_ _ _ K _ _

g) Il a mis le pantalon du zèbre.

_ K _ _ _

h) Tintin a découvert qu'il y en avait en stock.

_ _ K _

i) Il fait encore ses courses avec son cheval.

_ _ _ K _ _

j) L'art de ne pas rater le panier.

_ _ _ K _ _

Voir parents page 11

3 Les œufs sont faits!

Un petit creux? Déjeuner pressé?
Tu aimes cuisiner? À ton tablier!

1. Prends 2 tranches de pain tranché ou croûté, mais pas de baguette. Fais au milieu de chacune un trou d'environ 5 cm de diamètre. Garde les morceaux de pain.

2. Dans une poêle, fais fondre 30 ml (2 c. à soupe) de beurre. Fais-y revenir les tranches et les rondelles de pain de chaque côté pour les dorer légèrement.

3. Casse un œuf au-dessus d'une des tranches, de manière que le jaune tombe dans le trou. Fais de même avec l'autre tranche et un autre œuf.

4. Soupoudre les œufs de sel, de poivre, de basilic et d'origan (au goût). Retourne-les délicatement avec une spatule en prenant bien soin de ne pas briser les jaunes.

5. Quand le blanc est cuit, mets les tranches de pain dans les assiettes sans les retourner. De cette façon, on ne voit que le pain grillé avec le trou rempli du jaune d'œuf. Recouvre la moitié du trou avec la rondelle de pain bien doré. Tu peux même tartiner légèrement chaque tranche de confiture. Le contraste du salé et du sucré est délicieux.

Dresse la liste des ingrédients et des quantités requises:

1. _____
2. _____
3. _____
4. _____
5. _____

Quels sont les ingrédients facultatifs?

1. _____
2. _____

Les ustensiles de cuisine nécessaires:

1. _____
2. _____
3. _____
4. _____

Voir parents page 11

Activité 20

Annabelle a du flair

(1) Le grand jour est enfin arrivé ! Annabelle et sa sœur Amélie s'en vont passer une semaine de vacances chez leur cousine Catherine à Sherbrooke. L'année scolaire a pris fin hier et après deux mois de longues négociations, leurs parents ont finalement accepté de les laisser partir seules en autobus.

(2) Les voilà donc au terminus d'autobus du centre-ville. Maman n'a pas manqué de leur faire mille recommandations avant de les embrasser. Sans compter papa qui a bien demandé vingt fois si elles avaient l'argent des billets, leurs brosses à dents, le numéro de téléphone de tante Chantal, et quoi encore.

(3) – Bon, dit Annabelle, on va s'acheter quelque chose à manger. On a le temps avant l'heure du départ.

– Toi, tu ne penses qu'à manger. Allez, viens, prends ton sac à dos.

Elles trouvent des places où s'asseoir et observent autour d'elles en attendant patiemment.

(4) En face d'elles, il y a une dame d'environ soixante-dix ans et un monsieur à l'air étrange.

– Hé, Amélie, as-tu vu le drôle de monsieur là-bas de l'autre côté ?

– Celui qui a le blouson de cuir brun et qui porte une moustache ?

– Oui. Il me semble l'avoir déjà vu quelque part. Tu ne trouves pas qu'il a l'air d'un escroc ? On dirait qu'il dérange la pauvre vieille à côté de lui. Elle n'a pas l'air d'apprécier ce qu'il lui dit parce qu'elle le regarde d'une drôle de façon.

Voir parents page 11

– Arrête donc, Annabelle. Tu le sais bien, maman a toujours dit que tu avais l'imagination trop fertile.

– Mais regarde donc toi-même ! Tu ne vois pas ? Il a les mains dans les poches comme s'il cachait quelque chose. Je te dis qu'il a l'air louche.

Amélie, qui connaît bien sa sœur, continue tranquillement à manger sa collation sans même lever les yeux de la revue qu'elle est en train de feuilleter. Ce n'est pas la première fois que sa sœur fabule.

(5) Dès l'annonce du départ, les voyageurs s'agglutinent devant la porte 23. On dirait une nuée d'abeilles que le vent soulève d'un coup dans un même mouvement.

– Bien entendu, toi qui es si calme et si discrète, tu n'as sûrement pas remarqué que l'homme bizarre marche trop près de la vieille. Il fait semblant de l'aider mais, je te le dis, il ne la quitte pas d'une semelle.

– Tu m'énerves, à la fin. J'ai l'intention de faire un beau voyage. Arrête de te créer des chimères. On s'assoit en avant, hein ?

– Ça dépend. Je veux me placer près d'eux. Je veux les observer. S'il y a quelque chose d'anormal, je pourrai peut-être aider la vieille dame.

Amélie jette un regard désespéré à sa sœur, mais se résigne quand même à s'asseoir un peu plus loin.

(6) Les gens sommeillent déjà lorsque l'autobus arrête à Longueuil pour prendre d'autres passagers. Parmi eux, un homme blond, très grand, vient s'asseoir juste à côté de l'inconnu et de la dame âgée. Annabelle aurait juré l'avoir vu glisser discrètement quelque chose dans la main de l'homme. Elle en est persuadée, ce n'est pas la première fois qu'ils se voient.

« Ça ne me donne rien de le dire à Amélie, c'est certain qu'elle ne me croira pas. »

– Amélie, je vais aux toilettes, à l'arrière de l'autobus.

Arrivée à la hauteur des suspects, mine de rien, elle prend son temps. Ce qu'elle entend alors la glace d'effroi. Elle se dépêche de se rendre aux toilettes et ferme rapidement la porte. Elle essaie de penser à un plan, mais le plus difficile est d'avertir Amélie. Il faudra d'abord réussir à la convaincre sans attirer l'attention.

(7) Elle retourne discrètement à sa place et elle regrette maintenant de ne pas être assise plus loin parce qu'elle doit chuchoter.

– Amélie, je sais maintenant qu'il y a un vrai problème. Veux-tu savoir ce que j'ai entendu en allant aux toilettes ? J'ai entendu la dame dire fermement : « En tout cas, vous ne me faites pas peur, tous les deux. »

Voir parents page 11

– Mais voyons donc...

– Chut, pas si fort. Il faut qu'on fasse quelque chose. On pourrait peut-être avertir le chauffeur. Arrête de les dévisager comme ça, ils vont se rendre compte qu'on sait quelque chose et ils vont nous intimider nous aussi.

– Premièrement, Annabelle Leclerc, es-tu bien sûre de ce que tu as entendu ?

– D'accord, tu ne me crois jamais. Fais comme tu veux, mais moi, j'avertis la police dès qu'on descend de l'autobus. Et elle se retourne pour mieux bouder sa sœur.

(8)   Amélie se sent un peu coupable. C'est vrai qu'elle doute de sa jeune sœur, mais elle a déjà tellement inventé d'histoires. Une fois, la famille était à La Ronde et Annabelle, avec son grand cœur, a voulu aider un enfant qui se faisait kidnapper. En fait, il s'agissait d'un petit malcommode que son père était en train de réprimander. Bon, elle sommeille maintenant et je dois la déranger pour aller aux toilettes. Elle ne sera pas contente.

– Excuse-moi. Laisse-moi passer, s'il te plaît.

Annabelle la regarde d'un air hautain et elle se déplace légèrement en maugréant.

(9)   Pendant l'absence d'Amélie, Annabelle jette un coup d'œil furtif aux autres passagers pour voir s'il n'y a qu'elle qui se rend compte que quelque chose d'anormal se passe. Tout à coup, elle aperçoit sa sœur qui revient. Elle a l'air malade parce qu'elle est blanche comme un drap.

Voir parents page 11

– Annanabbeelllllle, je je pense que tu avais raison.

– Chut, pas si fort.

– Sais-tu ce ce que j'ai entendu ? Le blond a murmuré à l'autre : « Rappelle-toi, Pat, lorsque je brandirai l'arme, tu dois reculer de trois pas. »

– Premièrement, Amélie Leclerc, es-tu bien sûre que tu n'as pas rêvé ?

Mais Annabelle se reprocha immédiatement sa taquinerie. Jamais elle n'avait vu sa sœur dans un tel état.

– Calme-toi, Amélie, on reste bien tranquilles et dès qu'on arrive à Sherbrooke, on donne l'alerte. Tiens, prends ce bout de papier. Tu es bonne en dessin, toi. Fais un portrait des deux hommes, ça pourra toujours servir, mais fais bien attention qu'ils ne te voient pas.

(10) Le reste du voyage se passe tranquillement pour tous les passagers. Enfin, disons, pas tous les passagers. Seulement ceux qui ignorent qu'il y a des individus dangereux à bord. Les deux sœurs ont hâte d'arriver, mais en même temps, elles ont très peur. Elles se demandent comment ça va se dérouler parce que c'est la première fois qu'elles font face à une situation aussi dangereuse. Que vont dire papa et maman ? Ils ne les laisseront plus jamais partir seules. Quant à tante Chantal et Catherine, seront-elles témoins de leur acte de bravoure ? Et les policiers, eux, les remercieront-ils de leur perspicacité ?

(11) L'autobus arrive à destination à l'heure prévue.

– Annabelle, je pense que je vais être malade.

– Mais non, calme-toi, sinon on pourrait commettre une erreur fatale. La panique n'a jamais aidé personne.

– Hé, regarde, on dirait qu'il y a de l'agitation au terminus.

Voir parents page 11

– Vois-tu tante Chantal et Catherine ?

– Non, mais il y a quelque chose d'anormal. Je ne sais pas si c'est la police.

– Mais non, il y a foule. Je pense que c'est la télévision. Vois-tu ? Il y a des caméras et des journalistes.

– Les malfaiteurs sont pris au piège. Je suis soulagée. Peut-être que le chauffeur d'autobus aussi avait remarqué quelque chose de suspect et a alerté les policiers de Sherbrooke.

(12) L'autobus s'immobilise enfin. Les passagers descendent et on entend bientôt des applaudissements.

– Mais qu'est-ce qui se passe, Amélie ?

Une passagère de l'autobus a entendu la fillette et est heureuse d'annoncer la nouvelle.

– Comment, vous ne savez pas ? Vous n'avez pas entendu au départ ? Les gens murmuraient que nous avions à bord trois comédiens qui se rendaient à Sherbrooke pour travailler dans un théâtre d'été.

Les deux sœurs complètement ébranlées se regardent et, voyant chacune l'air pitoyable de l'autre, ne peuvent s'empêcher de rire aux éclats.

– C'est bien pour ça qu'il me semblait l'avoir déjà vu quelque part.

– Annabelle, je comprends tout, maintenant. Ils devaient répéter leurs rôles et s'imprégner de leurs personnages.

(13) Tante Chantal et Catherine finissent par les apercevoir.

– Bonjour, mes deux amours. Comment s'est passé le voyage ?

– Très bien, répond Annabelle, nous avons voyagé avec une vieille dame très pauvre harcelée par deux malfaiteurs.

Tante Chantal regarde Amélie, incrédule.

– Bon, ça y est. La voilà qui recommence à inventer des histoires.

Les deux sœurs se lancent un coup d'œil complice et rient de bon cœur.

– Mais non, on a même des portraits-robots à vous montrer. Hein, Annabelle ? On vous expliquera pendant nos vacances. Allez ! on vous expliquera...

Voir parents page 11

1 Copie les phrases suivantes à l'endroit approprié dans le plan du récit.

a) Peu après le départ, Annabelle surprend une conversation louche et dangereuse.

b) Amélie écoute sa sœur, mais elle la croit victime de son imagination.

c) Annabelle et sa sœur Amélie ont terminé leur année scolaire.

d) Amélie a peur et dessine des portraits des deux malfaiteurs.

e) Les deux sœurs se rendent compte de leur méprise.

f) Elles sont au terminus d'autobus du centre-ville.

g) Amélie surprend à son tour une conversation dangereuse.

h) À l'arrivée, on leur dit que trois comédiens étaient du voyage.

i) Elles vont passer une semaine chez leur cousine Catherine à Sherbrooke.

j) Elles retrouvent leur tante et leur cousine et conservent leur sens de l'humour.

k) Elles conviennent d'alerter la police à la fin du voyage.

Début

    1. _____

    2. _____

    3. _____

Élément déclencheur

    4. _____

Péripéties

    5. _____

    6. _____

    7. _____

    8. _____

Dénouement

    9. _____

   10. _____

Fin

   11. _____

Voir parents page 11

Activité 20

2 Réponds aux questions suivantes.

a) À partir de quel paragraphe sentons-nous qu'il y a une intrigue ?

_____

b) Qu'est-ce qu'Annabelle a observé en premier ?

_____

c) Pourquoi Amélie ne veut-elle pas croire sa sœur ?

_____

d) À quel moment Amélie ne doute-t-elle plus de sa sœur ?

_____

e) Quel événement leur permet de réaliser leur erreur ?

_____

3 Entoure le mot qui te semble le plus important à la compréhension du paragraphe.

a) (1er paragraphe)   scolaire, accepté, cousine, vacances

b) (4e paragraphe)   monsieur, moustache, louche, revue

c) (6e paragraphe)   sommeillent, effroi, toilettes, blond

d) (10e paragraphe)   passagers, peur, témoins, perspicacité

e) (12e paragraphe)   comédiens, nouvelle, travailler, Sherbrooke

4 Écris le numéro du paragraphe où on aurait pu lire ces phrases.

a) _____ Regarde comme elle a l'air pauvre, la vieille dame.

b) _____ Amélie, j'ai entendu quelque chose de grave.

c) _____ Avez-vous pensé à bien ranger votre porte-monnaie ?

d) _____ On dirait qu'elle va s'évanouir.

e) _____ Il me semblait aussi que c'était une figure connue !

f) _____ Je vais m'acheter du chocolat.

g) _____ Enfin, on part en vacances !

h) _____ Vite, je veux avoir une bonne place dans l'autobus.

Voir parents page 11

5 Nomme des traits de caractère que tu crois percevoir chez les deux sœurs.

a) Amélie : _____

b) Annabelle : _____

6 Nomme des caractéristiques décrivant l'aspect physique des trois comédiens.

a) La dame : _____

b) L'accompagnateur de la dame : _____

c) Le voyageur de Longueuil : _____

7 Écris les mots du récit décrivant les actions des personnages suivants.

a) Les parents ont pris du temps à accepter.

_____

b) Amélie est indifférente.

_____

c) L'inconnu marche trop près de la dame.

_____

d) Amélie commence à croire sa sœur.

_____

e) La vieille dame ne semble pas apprécier la présence du monsieur.

_____

f) Annabelle regrette de s'être moquée de sa sœur.

_____

g) Les deux sœurs sont très surprises de cette révélation.

_____

h) Les deux sœurs acceptent leur mésaventure.

_____

Voir parents page 11

8 Explique dans tes mots les phrases suivantes.

a) Maman n'a pas manqué de leur faire mille recommandations avant de les embrasser.

_____

b) Tu le sais bien, maman a toujours dit que tu avais l'imagination trop fertile.

_____

c) Je te dis qu'il a l'air louche.

_____

d) Arrête de te créer des chimères.

_____

e) Et elle se retourne pour mieux bouder sa sœur.

_____

f) Les deux sœurs ont hâte d'arriver, mais en même temps elles ont très peur.

_____

Voir parents page 11

9 As-tu apprécié ce récit? _____

Pourquoi? _____

10 Quels seraient ta réaction et tes sentiments probables si tu étais témoin d'une situation semblable?

_____

_____

11 Es-tu d'accord avec les réactions ou les sentiments suivants?

	Oui ou non?	Pourquoi?
a) Je te dis qu'il a l'air louche.		
b) Elle ne lève même pas les yeux de sa revue.		
c) Ça ne donne rien de le dire à Amélie, elle ne me croira pas.		
d) Elle essaie de penser à un plan.		
e) On pourrait peut-être avertir le chauffeur.		
f) La panique n'a jamais aidé personne.		
g) Elles se lancent un coup d'œil complice et rient de bon cœur.		

12 Aimes-tu le dénouement du récit? _____

Pourquoi? _____

13 Trouve des solutions qu'auraient pu envisager les filles dans une situation semblable.

_____

_____

Voir parents page 11

Français

ÉCRITURE

Activité 1

Réponses variables. Vérifier la correspondance des idées avec les parties du plan.

Activité 2

1. (D) b, e, j; (M) a, c, d, h; (F) f, g, i.
2. Aspect physique : b, g, h, o, t;
   Habitat : e, j, m, q;
   Alimentation : i, k, n, r, w; Vol : d, f, s, v, x;
   Petits : a, c, l, p, u.

Activité 3

1. a) Je ne dois pas m'acheter de crayons. Dois-je m'acheter des crayons ? Est-ce que je dois m'acheter des crayons ? b) Le résultat de ta multiplication n'est pas écrit. Le résultat de ta multiplication est-il écrit ? Est-ce que le résultat de ta multiplication est écrit ? c) Jean-Pierre n'a pas oublié son sac d'école. Jean-Pierre a-t-il oublié son sac d'école ? Est-ce que Jean-Pierre a oublié son sac d'école ? d) Ton frère et toi n'irez pas skier samedi prochain. Ton frère et toi irez-vous skier samedi prochain ? Est-ce que ton frère et toi irez skier samedi prochain ? e) Elle ne viendra pas visiter le Biodôme avec nous. Viendra-t-elle visiter le Biodôme avec nous ? Est-ce qu'elle viendra visiter le Biodôme avec nous ?

2. a) excl. pos.; b) décl. nég.; c) décl. pos.; d) impér. nég.; e) interr. nég.; f) excl. pos.; g) interr. pos.; h) décl. pos.; i) impér. pos.; j) décl. nég.

3. a) quel; b) n'... pas; d) ne... pas; e) ne... pas; f) comme; j) n'... aucunement.

5. a) Avec qui irons-nous au cinéma ce soir ? b) Mon père ne croyait pas avoir un accident de ski aussi sérieux. c) Ma sœur n'aime pas ce jeu qu'elle trouve cruel et dangereux. d) Personne n'a le droit de manquer de respect envers les autres. e) Isabelle ira-t-elle faire un stage en France ? f) Notre nouvelle enseignante n'a aucun préjugé et est très ouverte aux suggestions. g) À quelle heure le spectacle commencera-t-il ? h) Mon instructeur m'a dit que je devrais m'entraîner plus souvent.

Activité 4

1. Réponses variables. S'assurer de l'accord en genre et en nombre des déterminants et des adjectifs avec le nom proposé.
2. a) ils; b) elle; c) il; d) elle; e) elles.
3. Réponses variables.
4. a) Mon cousin Éric cuisine de bons petits plats pour toute sa famille. b) Colette chante des airs d'opéra. c) Certains enfants préfèrent lire des bandes dessinées. d) Finis ta lecture en attendant que Louise revienne du travail. e) Ce week-end, mes amis Yan et Josée vont dormir à la maison.

Activité 5

1. a) GS : L'ami de mon père; GV-P : aime beaucoup donner son opinion.
   b) GCP : À la fin du mois d'avril; GS : nous; GV : partirons; GCP : en vacances.
   c) GS : Hugues et Martine; GV-P : proposent un jeu très intéressant.
   d) GS : Le directeur de l'école; GV-P : viendra dans notre classe; GCP : pour nous parler du code de vie.
   e) GS : tu; GV : Crois... encore au père Noël ?

2. Réponses variables.
3. Réponses variables.
4 à 6. Réponses variables. S'assurer du bon type de complément selon la question posée.

7. a) est, désuète (La machine à écrire, f. s.); b) semblait, neuve (Cette automobile, f. s.); c) demeure, pas d'attribut; d) demeure, meilleure (Cette chanteuse, f. s.); e) avait l'air, grande (L'employée, f. s.); f) est, fatiguée (Ma tante, f. s.); g) fait, pas d'attribut; h) paraît, éloignée (La montagne, f. s.); i) est, glissante (La surface, f. s.).

8 et 9. Réponses variables. Porter attention à l'orthographe et à la ponctuation.

10. Accepter toute autre réponse équivalente. a) Ce soir, j'ai à terminer un devoir de français que j'avais oublié de faire. b) Antoine déguste le gâteau au chocolat que lui a préparé sa grand-mère. c) J'ai fermé la fenêtre qui était restée ouverte. d) Lorsque le soleil se lève, la chouette s'endort et le coq se met à chanter. e) Mon père a besoin de béquilles pour marcher parce qu'il a eu un accident de ski.

Activité 6

1. Accepter toute autre réponse convenable. a) pour, afin; b) parce qu'; c) La plupart du temps, En général, Parfois, Généralement; d) quand, lorsqu'; e) Dès que, Aussitôt que, Quand; f) pour.

2. a) Le hibou est un oiseau nocturne; il a un plumage foncé.
   b) Marielle est très débrouillarde, je lui fais confiance.
   c) Le chien de Guy veut aller dehors; il l'emmène faire une petite balade.

3. a) où (restaurant); b) auquel (mot); c) qui (pays); d) que (fleur); e) dont (livre); f) qui (animal).

4. 1. <u>Parmi</u>; 2. <u>Ils</u>; 3. on; 4. aussi; 5. pour; 6. ou;
7. bientôt; 8. <u>Parfois</u>; 9. chez; 10. pendant;
11. près; 12. qui; 13. à; 14. dans; 15. et.

5. Exemples de réponses : a) chiots; b) déballe;
c) conifères.

Activité 7

1. a) Laura, ma meilleure amie,... (b);
b) Soudain,... (c); c)... glissait, sautait,... (a);
d)... sera plein,... (c); e)... moment», soupire
mon père. (b); f) En ce temps-là,... (c).

2. Le... dauphins. **O**n... marsouin, ou... blanc,...
marin. **I**l... dents : elles... poissons. **S**on... kilos.
Cependant, il... naissance. **S**avais-tu... petit **?**
La femelle... fois, et ce, ans. **Q**uand... naît, il...
brunâtre ; en grandissant, il... gris-bleu. **C**e... mer.
De près, on... dorsale. **C**'est... troupeaux. Les
bélugas... sons ; c'est... mers. **I**ls demeurent...
d'eux, car... baleines. **I**ls... respiration. Le
béluga... froides. **O**n... nous, si... sud, à cause...
Saguenay : ces eaux... 10 000 ans, à l'époque...
glaces. **L**e béluga... régions, les seuls... Nord.

Activité 8

1. Réponses variables.

2. revenir, survenir; rechercher; immobile;
illisible; indirect; remettre, démettre; reprendre,
méprendre, surprendre; reconnaître, mécon-
naître; reporter, déporter, exporter, importer;
antivol; survoler, revoler; inactif; malhabile;
indiscret.

3. a) Exemples de réponses : (lecture, lire,
lisible, lisiblement) (courage, encourager,
courageux, courageusement) (précision,
préciser, précis, précisément) (paix, pacifier,
pacifique, pacifiquement) (maigreur, maigrir,
maigre, maigrement) (fin, finaliser, final, finalement) (fraîcheur, rafraîchir, frais, fraîchement)
(rage, enrager, rageur, rageusement) (trom-
perie, tromper, trompeur, trompeusement)
(vérité, vérifier, véritable, véritablement).
b) front : ex. : frontal; accro**c** : ex. : accro**c**her;
début : ex. : débuter.

4. a) <u>fruit</u> : clémentine, fraise, kiwi, melon, orange,
poire; b) <u>verbe</u> : agir, changer, continuer, penser,
refaire, travailler; c) <u>félin</u> : chat, guépard, jaguar,
lion, panthère, tigre; d) <u>viande</u> : bœuf, jambon,
mouton, porc, poulet, veau; e) <u>couleur</u> : jaune,
mauve, rouge, vermeil, vert, violet.

5. a) quatre = 11; b) nez = 7; c) mains = 1;
d) ongle = 3; e) yeux, ventre = 13; f) mains,
pouces = 2; g) coude = 10; h) dent = 5;
i) prunelle = 14; j) doigts = 9; k) talon = 6;
l) côte à côte = 12; m) bras = 8; n) rate = 4.

6. a) C, F; b) F, F; c) C, F; d) F, C; e) C, F; f) F, C.

7. a) copieux; b) calme; c) réussi; d) interdit;

e) innocence; f) solidité; g) malheureusement;
h) sec.

8. a) instrument qui permet de transmettre des
sons à distance; b) appareil servant à amplifier
les sons (porte-voix); c) qui n'a plus de voix;
d) instrument à vent; e) qui parle habituellement
le français; «phone» : qui a rapport au son.

9. a) si , n'y, Ni, s'y; b) Ce, se, cette, Cet, se, se,
cet; c) s'est, peu, C'est, peut, Peux, c'est, Peu,
peu, peut; d) dans, son, d'en, sont; e) On n',
mon, mont, ont, m'ont, on; f) s'en, sans, sens,
cent, sent.

10. a) et b) Réponses variables.

11. Dans l'encadré, italiens ne prend pas
la majuscule parce que c'est un adjectif.
Il se rapporte à un nom : les mets italiens.
a) Paris, France, Alexia, Québécoise, Louvre,
Montmartre, Alexia, Pasteur, Français,
Magued, Égyptien, Égypte, France,
Alexandrie, Andrés, Barcelone, Andrés,
Alexia; b) Rocheuses, Canada, Canadiens,
Américains, Louise, Banff, Montréal.
b) Dolphins de Miami; Blue Jays de Toronto;
Capitals de Washington; Expos de Montréal;
Kings de Los Angeles; Red Wings de Détroit;
Oilers d'Edmonton; Pingouins de Pittsburgh;
Canuks de Vancouver; Canadiens de
Montréal; Sénateurs d'Ottawa; Sabres
de Buffalo; Mets de New York; Dodgers
de Los Angeles; Flyers de Philadelphie;
Blues de Saint Louis; Flames de Calgary;
Bruins de Boston.

12. a) hantise, fém.; hydrogène, masc.; habit,
masc.; orgueil, masc.; hôtel, masc.; escalier,
masc.; b) une plante; c) couvre-lits;
d) poisson-épée.

Activité 9

1. a) lion; b) favori; c) tigre; d) menteur;
e) démon.

2. a) Charlotte est une skieuse experte et
téméraire. b) Cette actrice s'est déguisée en
chatte grise. c) La vieille femme emmena sa
chienne malade chez la vétérinaire. d) La
meilleure danseuse est agile, élancée et souple.
e) La louve féroce guette la biche farouche.

3. a) forêt, présence (sing.), petits, animaux (plur.);
b) prix (sing.), produits, laitiers, fruits (plur.);
c) bruits, étranges (plur.), catastrophe (sing.);
d) trois, numéros (plur.), gagnante, soirée (sing.);
e) contes, fabuleux (plur.), livre, ancien (sing.).

4. a) perdrix; b) épouvantail; c) sarrau; d) pneu;
e) récital.

5. a) Voici des animaux terriblement voraces
et capricieux. b) Les yeux perçants des lynx
scrutent les arbres ou les clairières pour trouver
leurs proies. c) Les drapeaux multicolores

Corrigé

flottent sur les mâts des bateaux. d) Durant les carnavals, nous assisterons à des récitals folkloriques originaux.

Activité 10

1. Réponses variables.

2. a) taille élancée (f. s.), pattes délicates (f. p.); b) récits magiques (m. p.), histoire déchirante (f. s.); c) exercices éreintants (m. p.), repos mérité (m. s.); d) vêtements extravagants (m. p.), chaussures inconfortables (f. p.); e) forêts tropicales (f. p.), animaux féroces (m. p.).

3. a) petits (masc.); b) gérés (masc.); c) stationnés (masc.); d) synchronisées (fém.); e) tournants (masc.); f) mûrs (masc.); g) fixées (fém.); h) rosés (masc.); i) meurtriers (masc.); j) parfumés (masc.).

4. Gaby: femme (arrivée); Dominique: homme (inquiet).

5. a) tous; b) tout; c) toute; d) Toute; e) Tous; f) Toutes; g) tous; h) tout; i) toutes; j) Toute.

6. a) leur; b) Leurs; c) Leurs; d) leur; e) Leur; f) leur; g) leurs; h) leur; i) Leurs; j) Leur; Pronom leur: * d et f.

7. a) Quel; b) Quelles; c) quelle; d) Quels; e) quelle; f) Quelle; g) quels; h) Quelle; i) Quelles; j) Quel.

8. meilleure, amie, née, centrale, émue, latine, située, couverte, chaînes, montagnes, forêts, tropicales, plaines, appelées, vallées, luxuriantes, brumeux, puissants, fleuves, jungles, impénétrables, terres, conquises, anciennes, civilisations, fastueuses, cultures, modernes, étonnante, latino-américains, longue, indienne, anéantie, Européens, coloniale, guerres, longues, dures, attendue, certains, prospères, sous-développés, leurs, populations, désolante, conditions, misérables, latine, parlée, autres, indiens, latine, centrale, née, grande, habitants, Indiens, mayas, leurs, différentes, langues, leurs, coutumes, intacts.

Activité 11

1. a) Nos amis souhaitent, 3e pers. plur., nous visitions, 1re pers. plur.; b) Justin et Chloé collectionnent, 3e pers. plur., leurs parents achètent, 3e pers. plur.; c) Mon grand-père vend, 3e pers. sing., ma grand-mère fait, 3e pers. sing.; d) les fleurs de ton jardin dégagent, 3e pers. plur., les passants remarquent, 3e pers. plur.; e) (tu, sous-entendu) choisis, 2e pers. sing., tu préfères, 2e pers. sing.; f) Maxime vivait, 3e pers. sing., il avait, 3e pers. sing.; g) Tout le monde taquinait, 3e pers. sing., il aimait, 3e pers. sing.; h) tu as compris, 2e pers. sing., le professeur a expliquée, 3e pers. sing.

2. a) Ce sont beaucoup d'animaux qui rôdent dans cette ruelle.
   b) Ce sont les abeilles de cette ruche qui ont fourni tout ce miel.
   c) C'est mon chalet qui est situé dans les Laurentides.
   d) Ce sont tous les finissants du collège qui participaient à la fête.
   e) Ce sont ces petits problèmes qui pourraient se régler facilement.
   f) Ce sont tes numéros qui nous porteront chance à la loterie.
   g) Ce sont les feuilles d'automne qui tombent et s'accumulent.
   h) Ce sont les gens généreux qui ne cessent de penser aux autres.

3. a) Je donnerai; b) Nos amis rapporteront; c) il offre; d) La neige empêche; e) Les spectateurs trouvent; f) Elle imaginait; g) je redonnerai; h) Je rencontrerai.

4. a) troupeau broute; b) loups guettent; c) classe participe; d) famille protège; e) groupe s'amuse; f) oiseaux pépient; g) essaim revient; h) bande organise; i) joueurs arrivent.

Activité 12

1. partir, courir, mentir, mourir.

2. a) atteint, atteindre; b) rejoins, rejoindre; c) offre, offrir; d) construisent, construire; e) connais, connaître.

3. a) rang-iez; b) accompagne-ra; c) chant-e; d) termin-ait; e) dor-s; f) vend-ons; g) lance-raient; h) joue-ront.

4. a) Marche, marcher; b) L'oiseau s'envole, envoler; c) J'ai réfléchi, réfléchir; d) Elle choisit, choisir; e) Tu surgiras, surgir; f) Je fermais, fermer.

5. a) coururent; b) rendit; c) offrit; d) dressa; e) dormirent.

6. a) 4; b) 10; c) 8; d) 1; e) 11; f) 5; g) 3; h) 2; i) 7; j) 6 k) 9.

7. attendais; ai eu; était; ramassais; ai senti; bougeait; ai regardé; ai vu; pouvait; aperçus; bougeait; est; est tombé; ai ouvert; était; ai hésité; suis allé; ont dit; offrait, imagine ou imaginez; vient; sais; recevrai.

8. Réponses variables.

Activité 13

1. subi, compris, fait, attendu, né, eu, couru, reçu, pu, peint, ri, lu, écrit, mort, atteint, vaincu, aperçu.

2. partie, énervé, montées, gelées, avariés, couru, revenus, participé, fatigué, tombée.

3. a) aimé, chercher; b) oubliées, composées; c) pensé, triché, gagner; d) retrouvé, déchiré, usées; e) préparer, décoré; f) lavés, ajoutés, rehausser; g) penser, passées.

4. a) avoir: démarré, foncé; b) seul: apeurée, être: venue; c) seul: pressés, avoir: fait; d) seul: essoufflés, avoir: couru, être: arrêtés; e) avoir: retrouvé, oubliés, seul: perdus; f) être: allée, avoir: demandé; g) avoir: vu, rapportés; h) être: mordue, seul: enragée.

5. a) étiez; b) sont, ont; c) seraient; d) est; e) est.

Activité 14

1.

Nom	Adjectif	Déterminant	Pronom	Verbe	Mot invariable
Marco	court	son	il	a fini	de
devoir	époustouflant	sa	l'	a fait	et
français		le	J'	corriger	par
mère		cet		est	de
numéro		la		aime	beaucoup
artiste				marcher	dans
nature					

2. Marco a fini, a fait; Le numéro de cet artiste est; J'aime.

3. Verbes: travaille, rire, pouvoir, ferme, pousse, visites, goûter, porte; Noms: travail, rires, pouvoirs, fermes, pousses, visite, goûters, portes.

4. Qui, Je, t', Il, nous, me, Tu, Tu, J', qu', on, Il, Elle.

5. a) complément indirect; b) sujet; c) nom (propre); d) spacieuses; e) déterminant; f) parce qu'il accompagne le nom tige, fém. sing.; g) complément direct; h) mot invariable (adverbe).

LECTURE

Activité 15

1. a) les canards sauvages, les hirondelles, les martinets, les hérons, les cigognes, les chauves-souris, les papillons; b) le froid, la faim (ou le manque de nourriture); c) les étoiles, le soleil; d) le loir, la marmotte, les ours, les lézards, les serpents, les insectes, l'écureuil; e) s'emplir le ventre, se faire des réserves dans des cachettes; f) dans des terriers, de 6 à 7 mois; g) le cœur ralentit, le corps se refroidit, les animaux vivent sur leurs réserves de graisse; h) l'hermine, le lagopède, le renard, le moineau, (le faucon); i) trouver de la nourriture, ne pas être mangé par d'autres animaux; j) 1er: ils changent de couleur l'hiver (l'hermine et le lagopède), 2e: il gonfle sa fourrure (le renard), 3e: il gonfle ses plumes (le moineau), 4e: il change ses habitudes alimentaires (le moineau).

2. a) Faux: Les cigognes partent vers la mi-août.; b) Faux: Certains se fient au soleil.; c) Vrai: Le martinet peut planer en dormant.; d) Faux: Les animaux qui hibernent ne sont pas armés contre le froid.; e) Faux: Ils changent de couleur pour éviter d'être attrapés par d'autres animaux.; f) Vrai: Certains animaux sortent de

leur sommeil quand il fait plus doux.; g) Faux: Pour conserver la chaleur entre les poils.

3. a) voyageurs; b) débrouillards et dormeurs; c) voyageurs; d) débrouillards; e) débrouillards et dormeurs; f) dormeurs; g) débrouillards; h) dormeurs; i) voyageurs; j) voyageurs et dormeurs.

Activité 16

1. elle: observation, Ils: crocodiles, ils: reptiles, ils: reptiles, Ils: reptiles, ils: reptiles, les: œufs, elle: mère, les: jeunes.

2. Réponses variables.

3. a) Les lézards, les tortues, les serpents, les crocodiles; b) 300 millions d'années; c) les reptiles ont la peau sèche avec des écailles et ils pondent leurs œufs sur la terre, les amphibiens ont la peau humide et pondent leurs œufs dans l'eau; d) la tortue et le crocodile; e) se reproduit en pondant des œufs; f) 250.

Activité 17

1. Réponses variables.

2. Une invention révolutionnaire 12, Un médecin dans l'espace 13, Comprendre l'univers 14.

3. a) il démonte, il découvre, (il) comprend; b) il invente; c) ce jeune homme ingénieux vient; d) elle a joué, l'entreprise Bombardier est; e) la science a exercé, elle se souvienne; f) Elle obtient, qui traite; g) il fit; h) il mourut, le monde comprit, il venait.

4. c.

5. Réponses variables.

6. et 7. Réponses variables.

8. a) archaïque: très ancien; b) ingéniosité: qualité d'une personne qui fait preuve de génie, d'astuce, d'habileté; c) acquiert: gagne, obtient, arrive à posséder; d) chamboulé: bouleversé, sens dessus dessous; e) indéniablement: certainement, évidemment, qu'on ne peut contester.

Activité 18

1. a) il a utilisé une pièce de un dollar; b) 8 cm carrés; d) dans la poche de son pantalon; h) en prenant soin de ne pas montrer que le numéro était caché à l'intérieur; j) les mains dans le dos; l) sur sa joue; n) il a échappé le dollar par terre.

2. Données superflues: Il y avait 40 rangées de sapins, 34 rangées de pins et 26 rangées d'épinettes. En 1987, ils ont abattu 250 000 arbres lors d'une coupe à blanc.; en 1985: 286 000 arbres (1260 × 100 = 126 000) + (200 × 800 = 160 000). En 1986: 300 000 arbres (150 000 × 2). Réponse: en 1986, 14 000 arbres de plus (300 000 – 286 000).

Activité 19

1. 1 : c, 2 : h, 3 : o, 4 : m, 5 : g, 6 : a, 7 : i, 8 : e, 9 : n, 10 : b, 11 : j, 12 : p, 13 : k, 14 : f, 15 : l, 16 : d.

2. a) kilos ; b) karaté ; c) kiwi ; d) kimono ; e) skieur ; f) hockey ; g) okapi ; h) coke ; i) jockey ; j) basket.

3. Ingrédients : 2 tranches de pain, 2 c. à soupe de beurre, 2 œufs, épices (sel, poivre, basilic, origan), confiture ; Facultatifs : épices, confiture ; Ustensiles : couteau poêle, cuillère à soupe, spatule, assiettes.

Activité 20

1. Début : 1 (c), 2 (f), 3 (i) ; Élément déclencheur : 4 (a) ; Péripéties : 5 (b), 6 (g), 7 et 8 (d) ou (k) ; Dénouement : 9 (h), 10 (e) ; Fin : 11 (j).

2. a) 4ᵉ paragraphe ; b) Exemple de réponse : Un monsieur à l'air louche qui semblait déranger une vieille dame ; c) Exemple de réponse : Parce qu'Annabelle a l'imagination fertile et a tendance à dramatiser ; d) Exemple de réponse : Lorsqu'elle surprend elle-même les paroles d'un malfaiteur ; e) Exemple de réponse : Une passagère leur dit qu'il y avait trois comédiens à bord.

3. a) vacances ; b) louche ; c) effroi ; d) peur ; e) comédiens.

4. a) 4ᵉ ; b) 7ᵉ ; c) 2ᵉ ; d) 9ᵉ ; e) 12ᵉ ; f) 3ᵉ ; g) 1ᵉʳ ; h) 5ᵉ.

5. Exemples de réponses : a) calme, réservée, discrète, sérieuse, etc. ; b) imaginative, rieuse, observatrice, boudeuse, etc.

6. Exemples de réponses : a) pauvre, environ soixante-dix ans ; b) l'air étrange, manteau de cuir brun, moustache ; c) grand, blond.

7. a) Après deux mois de longues négociations... ; b)... continue tranquillement à manger sa collation sans même lever les yeux de la revue ; c) Il ne la quitte pas d'une semelle ; d) Annanabbeelllllle, je je pense que tu avais raison ; e) Elle n'a pas l'air d'apprécier ce qu'il lui dit parce qu'elle le regarde d'une drôle de façon ; f) Annabelle se reprocha immédiatement sa taquinerie ; g) Les deux sœurs complètement ébranlées ; h) Les deux sœurs se lancent un coup d'œil complice et rient de bon cœur.

8. Réponses variables.

9 à 13. Réponses variables. Toujours vérifier si la justification du point de vue correspond à l'opinion émise et prouve que votre enfant a compris le texte.

Français

Accord : lien en genre et en nombre entre les mots (noms, adjectifs et déterminants) d'un même groupe.
- accord des noms, des déterminants et des adjectifs (les petits tambours : masc. plur.)
- accord du verbe avec son groupe sujet (Les jeunes oiseaux [GS] gazouillent : 3e personne du pluriel)

Adjectif : mot qui caractérise un nom ; il reçoit le genre et le nombre du nom. Ex. : Ce <u>brave</u> homme (m.s.). Des choix <u>difficiles</u> (m.p.).

Adverbe : mot invariable qui précise le sens d'un verbe (Il marche <u>lentement</u>.), d'un adjectif

(Il est <u>très</u> lent.) ou d'un autre adverbe (Il marche <u>très</u> lentement.).

Anglicisme : mot qu'on emprunte à la langue anglaise (une *joke*, une *game*).

Antonyme : mot de sens contraire à un autre. Ex. : froid, chaud.

Article : voir déterminant.

Attribut : voir groupe du nom.

Auxiliaire : verbe *être* ou *avoir* qui sert à former les temps de verbes composés (voir temps composé).

Classe de mots : on distingue huit principales classes (ou catégories) de mots : noms, déterminants, adjectifs, pronoms, verbes, adverbes, prépositions et conjonctions.

Conjonction : mot invariable, marqueur de relation. Ex. : Ma sœur <u>et</u> mon frère... Vas-y <u>mais</u> dépêche-toi.

Conjugaison : manière d'écrire un verbe selon différents modes et différents temps.
- Radical et <u>terminaison</u> (amus<u>er</u>, chois<u>ir</u>, ils s'amus<u>ent</u>, elles choisiss<u>aient</u>) ;
- Types de verbes (groupes) :
  verbe modèle aimer : les verbes terminés en <u>er</u> à l'infinitif, sauf aller (aimer, parler)
  verbe modèle finir : les verbes terminés par <u>ir</u> à l'infinitif et issant au participe présent (finir, finissant)
  tous les autres verbes :
  – le verbe aller
  – les verbes terminés par <u>ir</u> à l'infinitif et ant au participe présent (partant)
  – les verbes terminés par <u>re</u> ou <u>oir</u> à l'infinitif (rendre, pouvoir)
- Modes :
  infinitif : (parler)
  participe : (parlant, parlé)
  indicatif : indique quand aura lieu l'action
  impératif : présente l'action sous la forme d'un ordre
  subjonctif : présente une action souhaitée
- Temps verbaux :
  présent : présent
  passé : imparfait, passé simple, passé composé, passé antérieur, plus-que-parfait
  futur : futur simple, futur antérieur, futur proche

Déterminant : constituant du groupe du nom ; il reçoit le genre et le nombre d'un nom.
- articles (le, la, les, l', un, une, des, au, aux, du)
- déterminants possessifs (mon, ma, mes, nos, ses, votre, leur...)
- déterminants démonstratifs (ce, cet, cette, ces...)
- déterminants indéfinis (aucun, certains, plusieurs...)

Donneur : mot qui donne son genre, son nombre ou sa personne à un receveur : le nom et le pronom sont des donneurs (voir aussi receveur).

Écran (ou mot écran) : mot ou groupe de mots qui sépare le groupe sujet du verbe dans une phrase. Ex. : Michel <u>les</u> regarde (et non regardent).

Élision : coupure de la voyelle de la fin d'un mot, remplacée par une apostrophe lorsque le mot suivant commence par une voyelle ou un *h* muet (l'école, l'habit).

Famille de mots : voir mots de même famille.

Forme de phrase : on distingue 2 formes de phrase : positive et négative ; voir phrase déclarative, exclamative, impérative et interrogative.

Générique (ou thème commun) : thème général attribué aux mots d'une série. Ex. : <u>fruit</u> : pomme, orange, banane… ; <u>sport</u> : ski, tennis, soccer… (voir aussi mots spécifiques).

Genre : forme que reçoivent les mots. On en compte deux. Masculin : un téléphone, le travail. Féminin : une aiguille, la mer.

Groupe complément de phrase : constituant facultatif de la phrase (voir groupe du nom).

Groupe du nom : groupe composé d'un nom seul, d'un pronom ou d'un nom accompagné d'un déterminant et d'un adjectif pouvant tenir la fonction de sujet, d'attribut, de complément de verbe ou de complément dans la phrase.

Ex. : $\boxed{\text{Chaque jour}}$, $\boxed{\text{mon cousin Loïc}}$ prend $\boxed{\text{l'autobus scolaire}}$.

$\boxed{\text{Mon cousin Loïc}}$ par avec $\boxed{\text{ses amis}}$.

- Groupe du nom sujet : mon cousin Loïc
- Groupe du nom complément direct du verbe (CD) : l'autobus scolaire
- Groupe du nom complément indirect du verbe (CI) : ses amis
- Groupe du nom complément de phrase (GCP) : chaque jour
- Groupe du nom attribut du sujet : ex. : Mon meilleur ami est <u>mon cousin Loïc</u>.

Groupe prépositionnel : groupe formé d'une préposition et d'un nom dans les mots composés : salade $\boxed{\text{de fruits}}$, fer $\boxed{\text{à repasser}}$.

Groupe sujet : constituant de la phrase (voir groupe du nom).

Groupe verbe-prédicat : constituant de la phrase formé d'un verbe accompagné d'un groupe du nom qui peut avoir la fonction d'attribut ou de complément.

Homophones : mots de sens différents qui se prononcent phonétiquement de la même manière. Ex. : verre, vers, vert.

Invariable : mot qui ne varie pas, qui ne suit aucune règle d'accord. Ex. : beaucoup, gentiment, mais.

Majuscule : lettre majuscule aux noms propres et au début d'une phrase (A, S, T…).

Marqueurs de relation : prépositions et locutions prépositives (de, pour, par, à, jusqu'à, au lieu de…) ; conjonctions et locutions conjonctives (et, mais, car, ainsi que, parce que…) ; certains adverbes et locutions adverbiales (d'abord, ensuite, enfin, tout de suite…).

Minuscule : lettre plus petite et différente de la lette majuscule (a, s, t…).

Modes du verbe : indiquent la manière d'amener un verbe (voir aussi conjugaison).

Mot de base : mot qui sert à en former de nouveaux en y ajoutant un préfixe, par exemple. Ex. : re<u>faire</u>, par<u>faire</u>, sur<u>faire</u>, dé<u>faire</u>…

Mots de même famille : groupe de mots provenant du même radical. Ex. : homme, humain, humaniser, humainement.

Mots de négation : Ex. : Il <u>ne</u> veut <u>pas</u>, <u>ne</u>… <u>plus</u>, <u>ne</u>… <u>jamais</u>…

Mots exclamatifs : Ex. : <u>Quel</u> beau spectacle ! <u>Comme</u> tu as grandi !…

Mots interrogatifs : Ex. : <u>Quel</u> temps fait-il ? <u>Où</u> vas-tu ? <u>Comment</u> t'appelles-tu ?…

Mots spécifiques : mots d'une série ayant un thème commun. Ex. : fruit : <u>pomme, orange, banane</u>… ; sport : <u>ski, tennis, soccer</u>… (voir aussi générique).

Mots interrogatifs : Ex. : <u>Quel</u> temps fait-il ? <u>Où</u> vas-tu ? <u>Comment</u> t'appelles-tu ?...

Mots spécifiques : mots d'une série ayant un thème commun. Ex. : fruit : <u>pomme, orange, banane</u>... ; sport : <u>ski, tennis, soccer</u>... (voir aussi générique).

Nombre : forme que reçoivent les mots. On en compte deux. Singulier : le téléphone, une aiguille. Pluriel : les téléphones, des aiguilles.

Nom collectif : nom au singulier qui désigne un ensemble, un groupe d'êtres ou d'objets. Ex. : armée, foule, troupeau.

Orthographe d'usage : graphie d'un mot qui ne tient pas compte de sa fonction dans une phrase. Ex. : château, ustensile.

Orthographe grammaticale : ensemble des règles d'accord de la grammaire. Ex. : des châteaux, ces ustensiles.

Paragraphe : division d'un écrit regroupant une ou plusieurs phrases reliées à la même idée.

Participe passé : forme que prend le verbe, employé :
- comme adjectif : les fleurs **parfumées**
- avec l'auxiliaire être : Il <u>est</u> **revenu**
- avec l'auxiliaire avoir : Elle <u>a</u> **déménagé**

Personne du sujet : 1re personne : la personne qui parle (je, nous).
2e personne : la personne à qui l'on parle (tu, vous).
3e personne : la personne de qui l'on parle (il, ils, elle, elles).

Phrase : mot ou groupe de mots qui exprime souvent une idée complète. Ex. : Michel a réussi son examen. La phrase comprend deux constituants obligatoires et un constituant facultatif : un groupe sujet GS + un groupe-verbe GV (+ un groupe complément de phrase GCP).

Phrase déclarative :
Ex. : positive : Le boulanger du quartier a eu un accident.
négative : Je <u>ne</u> suis <u>pas</u> d'accord avec vous.

Phrase exclamative :
Ex. : positive : Vive les vacances !
négative : <u>Ce</u> n'est <u>pas</u> possible !

Phrase impérative :
Ex. : positive : Range bien ta chambre.
négative : <u>Ne</u> prends <u>pas</u> cet autobus.

Phrase interrogative :
Ex. : positive : As-tu acheté le livre que je t'avais demandé ?
négative : <u>Ne</u> faudrait-il <u>pas</u> partir ?

Ponctuation : signes utilisés en écriture ; ils servent à délimiter les phrases, séparer des éléments d'une phrase et marquer des dialogues. Le deux-points (:) ; le tiret (–) ; les guillemets (« ») ; le point (.) ; le point d'exclamation (!) ; le point d'interrogation (?) ; les points de suspension (...) ; le point-virgule (;) ; la virgule (,).

Préfixe : qui précède le mot de base (radical). Ex. : <u>re</u>faire, <u>dé</u>faire.

Préposition : mot invariable, marqueur de relation. Ex. : Je vais <u>à</u> l'école. Ne pars pas <u>avant</u> lui.

Pronom : mot qui remplace un nom. Il remplit les mêmes fonctions qu'un nom.

Radical : racine d'un mot (voir aussi conjugaison).

Receveur : mot qui reçoit son genre, son nombre ou sa personne d'un donneur : le déterminant, l'adjectif et le verbe sont des receveurs (voir aussi donneur).

Sens commun : pris au sens concret (<u>sauter</u> à la corde).

Sens figuré : pris au sens abstrait (<u>sauter</u> un numéro).

Signes orthographiques : accent aigu (**é**), accent grave (**è**), accent circonflexe (**ê**), tréma (**ï**), cédille (**ç**), apostrophe (**l'**), trait d'union (arc-en-ciel).

Structure d'un texte :
- <u>Récit en trois temps</u> :

  <u>début</u> : phrases regroupées au début d'un texte ; elles annoncent le sujet et éveillent la curiosité du lecteur ;

  <u>milieu</u> : phrases regroupées en paragraphes selon les idées que l'auteur veut élaborer ;

  <u>fin</u> : phrases regroupées à la fin d'un texte ; elles résument un point de vue, indiquent un dénouement, expriment une morale.
- <u>Récit en plus de trois temps</u> : situation de départ, élément déclencheur, actions ou péripéties, dénouement, fin.

Substitut : voir termes substituts.

Suffixe : terminaison placée après le mot de base (radical). Ex. : télé<u>phone</u>, xylo<u>phone</u>.

Sujet : voir groupe du nom.

Syllabe : groupe de consonnes et voyelles qui se prononcent d'une seule émission de voix. Ex. : ca-ma-ra-de : 4 syllabes.

Synonyme : mot qui a un sens équivalent à un autre mot. Ex. : livre, manuel.

Temps composé : temps de verbe conjugué en plus d'un mot dont un auxiliaire être ou avoir. Ex. : il a marché, elle était revenue.

Temps simple : temps de verbe conjugué en un seul mot. Ex. : il marchait.

Temps verbaux : indiquent à quel moment se produit l'action (voir conjugaison).

Termes : <u>générique</u> (fruit ; animal) ;

  <u>spécifique</u> (orange, banane ; chat, chien).

Termes substituts : mots de substitution :

  pronoms : Ex. : (elle, celui, eux, les miens, lui, auquel...) ;

  synonymes : Ex. : (gentil = aimable, exact = précis...) ;

  groupes de mots : Ex. : (les <u>sports nautiques</u> : natation, ski nautique, voile...), etc.

Terminaison : terme générique qui désigne la finale d'un mot (voir aussi conjugaison).

Thème commun : générique d'une série de mots. Ex. : <u>fruit</u> : pomme, orange, banane... ; <u>sport</u> : ski, tennis, soccer... (voir générique).

Type de phrase : on distingue 4 types de phrase : voir phrase déclarative, exclamative, impérative et interrogative.

Achevé d'imprimer au Canada
en juin deux mille cinq
sur les presses de Quebecor World Lebonfon
Val-d'Or (Québec)